广东省地质局重点科普创作图书、广东省科普资源集成与开发重点资助项目
广东省地质学会重点科普创作图书、中国地质学会科普委重点科普创作图书
国土资源部科普基地管理办公室重点科普创作图书
中国国土资源作家协会重点文化创作图书
中国地质图书馆重点文化科普创作图书

# 名山揽胜桂冠里润 地学奥秘

主　编　胡红拴

副主编　李鉴伦　吴卫平

摄　影　赵洪山　等

人民出版社

封面题字:孙文盛
责任编辑:吴焰东　万　琪
封面设计:菊味书屋
版式设计:菊味书屋

**图书在版编目(CIP)数据**

名山胜地桂冠里的地学奥秘/主编 胡红拴. -北京:人民出版社,2012.8
ISBN 978－7－01－010775－2

Ⅰ.①名… Ⅱ.①胡… Ⅲ.①自然地理-中国-通俗读物②名胜古迹-中国-通俗读物
Ⅳ.①P942-49②K928.7-49

中国版本图书馆 CIP 数据核字(2012)第 051595 号

**名山胜地桂冠里的地学奥秘**

MINGSHAN SHENGDI GUIGUAN LI DE DIXUE AOMI

主编　胡红拴

人民出版社 出版发行
(100706　北京朝阳门内大街 166 号)

广州市华信彩印厂有限公司印刷　新华书店经销

2012 年 8 月第 1 版　2012 年 8 月第 1 次印刷
开本:787 毫米×1092 毫米 1/16　印张:14.75
字数:300 千字

ISBN 978－7－01－010775－2　定价:130.00 元

邮购地址 100706　北京朝阳门内大街 166 号
人民东方图书销售中心　电话 (010)65250042　65289539

# 《名山胜地桂冠里的地学奥秘》
# 编 委 会

吴卫平 （地质专家、广东省清远市国土资源局副局长、高级工程师）

吴伯衡 （作家、资深科普作家、广东省科普作家协会副理事长、秘书长、副编审）

邱　毅 （广东省国土资源厅地质环境处处长）

余钦发 （地质专家、广东省地质局办公室主任、广东省地质科学研究所原所长、高级工程师）

邹和平 （地质专家、中共中山大学地球科学系党总支书记、教授、地质学博士）

张亚钧 （中国地质博物馆副馆长、中国地质学会地质科学普及工作委员会常务副主任、国土资源部科普基地管理办公室常务副主任）

张　良 （地质专家、河南省地质调查院院长、教授级高级工程师）

张　珂 （地质专家、中山大学地球科学系主任、教授、博士生导师、地质学博士）

张忠慧 （地质专家、河南省地质调查院旅游地质调查中心主任、《地质旅游》杂志副主编、教授级高级工程师）

张渊智 （地质专家、香港中文大学太空与地球信息研究所教授、博士生导师、地质学博士）

陈龙生 （地质专家、香港大学地球科学系教授、博士生导师、地质学博士）

陈卫平 （地质专家、政协洛阳市委员会副主席、高级工程师）

陈周平 （广东省地质局副局长、高级经济师）

陈国能 （地质专家、中山大学地球科学系原主任、教授、博士生导师、地质学博士）

林希强 （地质专家、广东省地质科学研究所总工程师、教授级高工、地质学博士）

林基津 （广东省韶关市矿产资源与地质环境检测中心主任）

欧阳志鸿 （广东省地质局局长、广东省地质学会理事长、高级工程师）

金庆焕 （著名地质学家、中国工程院院士、国土资源部广州海洋地质调查局原总工程师）

周永章 （地质专家、中山大学地球环境与地球资源研究中心主任、教授、博士生导师、广东省政协常委、地质学博士）

郑　卓 （地质专家、广东省地质学会副理事长、中山大学地球科学系原主任、教授、博士生导师、地质学博士）

郑小战 （地质专家、广州市地质调查院总工程师、高级工程师）

荐志强 （中共中山大学地球科学系党总支副书记）

胡红拴 （作家、资深科普作家、中国作家协会会员，中国国土资源作家协会副主席兼诗歌委主任，中国地质图书馆客座研究馆员，香港中文大学访问学者，中山大学地球科学系研究生导师、中山大学地球环境与地球资源研究中心兼职教授，广东商学院地质遗迹研究中心顾问、客座教授（研究员），广东省地质学会专职副秘书长兼科普委主任，广东省科普作家协会副秘书长，中国科普作家协会会员）

胡　辉　（地质专家、暨南大学副教授、地质学博士）

段怡春　（地质专家、国家土地督察局西安局督察专员、中国地质图书馆原馆长、研究员、中国地质学史研究会副会长、中国地质学会科普委员会副主任、中国地质大学教授、博士）

顾晓华　（地质专家、中国地质图书馆馆长、中国地质调查局地学文献中心主任）

贾建业　（地质专家、中国科学院广州分院博士生导师、广东水利电力职业技术学院教授、博士）

夏　斌　（地质专家、中国科学院广州地球化学研究所原所长、中山大学地球科学系及海洋学院教授、博士生导师、地质学博士）

钱　春　（广东省科学技术协会副秘书长、学会学术部部长）

徐　峙　（作家、中国国土资源作家协会副秘书长、《大地文学》执行主编、中国国土资源报副刊部副主任）

郭公民　（地质专家、河南省国土资源厅副厅长、教授级高级工程师、中国地质大学兼职教授、研究生导师）

黄宇辉　（地质专家、广东省地质调查院院长、教授级高级工程师）

黄增新　（地质专家、广东省佛山地质局局长、高级工程师）

黄光庆　（地质专家、广州地理研究所副所长、研究员、博士）

梁志坚　（地质专家、广州市翰贤矿产业技术咨询有限公司总经理、高级工程师）

宿文姬　（地质专家、华南理工大学土木与交通学院副教授、地质学博士）

彭　华　（地质专家、中山大学地理科学与规划学院规划设计研究所所长、教授、硕士生导师）

彭伟平　（广东省地质物探工程勘察院院长、高级工程师）

谢　平　（中国地质学会地质科学普及工作委员会秘书长、中国地质博物馆科普中心原主任）

鄢志武　（旅游地学专家、中国国家地质公园督察员、中国地质大学（武汉）教授）

潘安定　（广州大学地理科学学院副院长、教授）

魏国灵　（地质专家、广东省地质局703地质大队大队长、高级工程师）

## 主编简介

　　胡红拴，又名胡宏，笔名山夫、古全。1961 年出生于河南洛阳。教授、研究馆员、副主任医师。中国作家协会会员，中国国土资源作家协会副主席兼诗歌专业委员会主任，广东省地质学会专职副秘书长兼科普委主任、常务理事，中国地质图书馆客座研究馆员，香港中文大学访问学者，中山大学地球科学系研究生导师、中山大学地球环境与地球资源研究中心兼职教授，广东商学院地质遗迹研究中心顾问、客座教授（研究员），广东省工艺美协常务理事，广东省科普作家协会副秘书长，广东省社会医学心理咨询专业委员会委员，广东省省情咨询专家，广东省地质局副主任医师，广东省作家协会诗歌创作委员会委员，广东省美术家协会会员，中国科普作家协会会员。在世界卫生组织等组织举办的国内外学术大会和《人民日报》《文艺报》《中国作家》《诗刊》《小说选刊》《羊城晚报》《中国国土资源报》等报刊发表作品千余篇，人民出版社、作家出版社、地质出版社等出版有《山野碎语》《山道》《大地拾遗》《胡红拴品画诗选》《胡红拴品画诗词散文集》《胡红拴诗选》《矿物华藏——矿物岩石的诗意世界》《矿物珍宝——岩矿美石世界的诗意记述》《中国世界文化遗产里的地学奥秘》《名山胜地桂冠里的地学奥秘》《舞动的土地》《大地上的韵律》《南粤大地上的书画家们》《淡淡书香》《周彦生诗画记》《林丰俗诗画记》《许钦松诗画记》《刘书民诗画记》等各类书籍 51 部，计 800 余万字。应邀主讲的十六集大型学术电教片《地学文化的研究与传播方式》已在全球最大的中文学术视频网站——尔雅学术视频之"超星名师讲坛"开讲播出。应邀出访德、法等西、北欧多国和澳、新等国家和地区进行学术交流；并应邀为广东省委、省政府有关部门、香港中文大学、中山大学、中国地质大学、华南理工大学、广东卫视等，作学术报告和讲课。应邀参与策划、拍摄的中央电视台"地理中国"等系列科教片已在央视播映。荣获国家人力资源与社会保障部和中国科学技术协会联合授予的全国科协系统先进工作者等荣誉称号三十余次，作品十余次荣获"宝石文学奖"等全国和省市级文学、图书类大奖。中央和地方数十家新闻单位曾多次介绍其事迹。

开发地质资源
发展地学文化。

刘嘉麒

（刘嘉麒，著名地质学家、中国科学院院士、中国科学院地质和地球物理研究所研究员、中国科普作家协会理事长、中国科学院地质研究所原所长）

# 走进世界遗产的地学王国

金庆焕

（金庆焕，著名地质学家、中国工程院院士、国土资源部广州海洋地质调查局原总工程师）

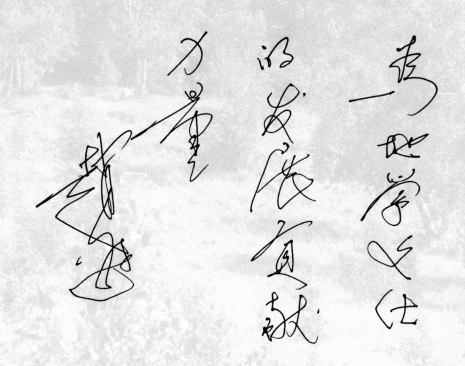

（赵逊，中国地质科学院原院长、国家地质公园评委会副主任）

亿年的"中岳运动"和 5.43 亿年的"少林运动"所形成的不整合接触界面及构造形态遗迹,被地质工作者誉为"天然地质博物馆"。巡走嵩山,五代同堂的地层序列举目可及,三大构造运动遗迹清晰可辨,三大岩类的岩石出露齐全,小构造形迹琳琅满目。

在全世界,完整地同时保有五个地质时期岩石的,唯有嵩山!

地质专家们认为,这种地质遗迹在全球绝无仅有,堪称是一部完整的、活生生的"地学百科全书",是研究地壳演化规律、追溯地球演化历史的理想场所。

因之,嵩山 2001 年 6 月被国土资源部批准为国家地质公园,2004 年 2 月 13 日被联合国教科文组织公布为首批世界地质公园。

嵩山独特的地质构造让它再次名扬天下。

## "五代同堂"见证地壳变迁

让我们闭上眼睛,穷尽我们的想象,遥想那遥远得不能再遥远的混沌之初的景象——

大约在 46 亿年前,银河系里大量的星云物质汹涌弥漫。它们因自身引力作用而收缩,收缩过程中产生的旋涡使星云破裂成许多"碎片"。其中一些碎片形成了太阳系,被人称为太阳星云。太阳星云中不易挥发的固体尘粒紧紧相拥,相互结合,形成越来越大的颗粒环状物,并开始吸附周围一些较小的尘粒,从而使体积日益增大,逐渐形成了地球星胚。地球星胚在一定的空间范围内运动着,不断地壮大自己。于是,原始地球翱翔星空。

经过了天文期以后,地球发展进入到地质时期——太古代。地球地表温度慢慢升高,表面开始变暖。随着温度继续上升,表面物质开始熔化。这些熔融物质类似火山岩浆,覆盖在地球表面。而铁元素却因岩石变软,沉积到地心,最后在中心部位析出固态铁,形成内核。铁释放出来的重力能进一步使地球变暖。大约 39 亿年前,地球表面随着岩浆覆盖面积增大,开始形成最初的永久地壳,至 35 亿年前,地壳中的挥发性物质逸出,形成原始大气。这种大气以水和碳酸气为主要成分。后来,大

气温度下降，大气中的水蒸气变成了水，降到地面形成了原始海洋。33亿年前，地球上生成了最古老的沉积岩，并出现了最早的、与生物活动相关的叠层石。

这个时期，原始的嵩山开始出场：

在距今36亿～25亿年的太古代时期，由海底基性岩浆喷发作用和酸性岩浆侵入作用共同构成登封群的花岗绿岩建造，铸就了嵩山的结晶基底。

在距今25亿～5.43亿年间的元古代，沉积了滨—浅海相的碎屑岩、黏土岩和碳盐岩，即古元古界嵩山群、中元古界马鞍山群和新元古界五佛山群。

在距今5.43亿～2.5亿年间的古生代，发育着寒武系和奥陶系的滨海相的碳酸岩（底部碎屑岩），以及石炭系、二叠系的海陆交替沉积的灰岩、碎屑岩、黏土岩。其中广泛贮存着煤、铁、铝、建材等沉积矿产。古生代是生命大爆发的时代，地层中保存着丰富的动、植物化石，这些古生物化石成为地层年代和沉积环境的见证。

在距今2.5亿～0.65亿年间的中生代，发育着三叠系湖相碎屑岩、黏土岩夹煤线。在陆相盆地——河流环境沉积的中生代红色泥岩——碎屑地层，其中含有丰富的陆生动、植物化石。

在距今0.65亿年至现代，沉积了新生界古近系的砾岩、砂岩和泥岩，以及第四系的松散沉积层。其中含有丰富的古生物化石及古人类、古文化遗址。

地球就这样一路走来，一路留下它发展变化的行踪，留下那无比古老的地质遗迹。从40多亿年前开始书写的沧桑历史，就这样慷慨地全部不间断地赠与了嵩山。

## 三大运动记录嵩山沧桑

地球发展的早期阶段，表面被水包裹着。嵩山当时也是一望无际的大海。大约从36亿年前开始，嵩山地区的海底发生了来自地幔的基性熔浆喷发和酸性岩浆侵入，共同堆积了以基性火山岩和酸性侵入岩为主的被称做登封群的花岗绿岩系。

距今25亿年前后，嵩山地区发生了剧烈的地壳运动，地质学家称它为"嵩阳运动"。嵩阳运动的结果，使海底沉积的花岗绿岩系受到近南北向的应力作用、温压效应而发生褶皱隆起，慢慢露出海面，形成山脉，这是嵩山首露峥嵘。后来经过长期风化剥蚀，嵩山渐渐被夷平了，加上地壳不断下降，夷平的嵩山又被淹没在海水之下，形成滨海和浅海环境，于是接受了被称做嵩山群的碎屑物质、泥质及钙、镁等物质的沉积。

距今18亿年前后，嵩山地区发生了被称为"中岳运动"的全球性地壳运动，来自东西方向的应力作用和温压效应使海底的碎屑岩——碳酸盐岩地层慢慢隆起成山，露出海面，嵩山第二次屹立于中州大地。

"中岳运动"后，嵩山再次慢慢地风化、剥蚀、夷平、下降，逐渐被海水吞噬，形成滨海、浅海、山间盆地和罗圈冰碛层的地层层序。到了距今5.43亿年前后，嵩山地区又发生了被称为"少林运动"的地壳运动，使嵩山一带大范围地升出海面，形成嵩山山系，结束了地球生命大爆发前的演化历史。

后来发生的广泛海浸，始终未淹没嵩山山系的主要山峰。嵩山自此扬眉吐气。在距今2亿~0.65亿年的中生代晚期，强烈的"燕山运动"使该地区产生了巨大的剪应力，在应力作用下形成的唐窑——中岳庙断裂和五指岭断裂带拦腰将嵩山山系截为三截，并使峻极峰及五指岭依次向北西方向推移了3公里和7公里。0.65亿年后的"喜马拉雅运动"使嵩山进一步隆升并遭受风化剥蚀，历经沧桑的嵩山终于显现出当今的面貌。

## 壮丽的美景奇观撼人心魄

嵩山包括太室山、少室山、八风山、安坡山、大苦山等13山，主体由太室山、少室山两座大山组成。

太室山为嵩山之东峰。据传，禹王的第一个妻子涂山氏生启于此，山下建有启母庙，故称之为"太室"（室者，妻也）。太室山共有36峰，岩幛苍翠相间，峰壁环向攒耸，恍若芙蓉之姿。主峰"峻极峰"，海拔1491.7米，以《诗经·嵩高》"峻极于天"为名，后清高宗乾隆游嵩山时，曾在此赋诗立碑，所以又称"御碑峰"。登上峻极峰远眺，西有少室侍立，南有箕山面拱，前有颍水奔流，北望黄河如带，嵩岳诸峰尽收眼底。东边太室36峰，群峰环绕，青山巍巍；西边少室36峰连绵不绝，茫茫无尽。山峰间云岚瞬息万变，美不胜收，北宋名相范仲淹的那句"不来峻极游，何以小天下"顿涌胸中。

古人云"太室如卧"。因为太室山体为一宽缓的复式背斜,地层产状在不同的部位差异很大,崖壁断面上的褶皱形态十分清晰,且多为平卧褶皱,如条条巨蟒蜷曲横陈。明代《五岳真形之图》中就说:"泰山如座、华山如立、衡山如飞、恒山如行、嵩山如卧"。一个"卧"字,深得太室神韵。在太室山景区还可以看到松涛鹤翔、嵩门待月、仙人采药、天灵乘轿、嵩阳洞天、启母石、逍遥谷等天赐奇观。

少室山又名"季室山",东距太室山约10公里。据说,夏禹王的第二个妻子,涂山氏之妹栖于此,人于山下建少姨庙敬之,故山名谓"少室"。少室山山势陡峭峻拔,亦含36峰。诸峰簇拥起伏,如旌旗环围,似剑戟罗列,颇为壮观,有的拔地而起,有的逶迤延绵,有的像猛虎蹲坐,有的似雄狮起舞,有的若巨龙睡眠,有的如神龟爬行,峰峦参差,峡谷纵横,十分壮观。主峰海拔1491.7米,为嵩山最高峰,金末宣宗曾屯兵于少室山顶,抵抗元兵,故称为"御寨山"。从山南北望,一组山峰,互相叠压,状如千叶舒莲,当地群众称之为"九顶莲花山"。

古人称"少室如立"。从地质学的角度看,少室山山体为一组同斜复式褶皱,地层产状近于直立。那产出于元古代时期的石英岩石林,从不同的角度观看,或像一柄柄利剑直刺苍穹,或像一列列仪仗顶天立地,或像一册册图书整齐排列,其恢弘气势震撼人心。少室山地质景观的核心区在三皇寨一线,这里有大片的天然岩壁,笔直耸立,山高万仞,悬空栈道紧贴岩壁,下临深渊,让人目眩神摇。这里可以清楚地看到不整合接触界面,沉积岩形成时的波痕,在背斜和向斜接触部位的尖棱褶皱和石英岩中的节理。你还可以看到猴子观天、云峰虎啸、御寨落日、少室秋色、千尺飞瀑、鹞子翻身、大仙峡、灵霄峡、水帘洞、骆驼石等自然景观40余处,赏心悦目、美不胜收。

与太室、少室一样,嵩山其他诸峰亦为石英岩组成,加之构造运动所致,使诸峰在400米标高上拔地而起,险峻清秀,形成独特的地形、地貌。奇峰、幽谷、茂林,秀丽多姿,飞瀑、流泉、龙潭,旖旎秀美,勾勒出中岳大地奇妙瑰丽的自然景观,造就了嵩山的千姿百态,使其成为名播世界的旅游胜地。

## 璀璨的人文古迹流光溢彩

黄河之水天上来,出昆仑,越青甘,跨河套,穿晋陕,破"龙门"而出,遇西岳而东,横穿华北平原,急奔渤海之滨。黄河两岸丰厚的黄土沉积哺育了人类,也哺育了辉煌的人类文化。

黄河之滨的嵩山以其历史悠久、文化灿烂、名胜古迹繁多而居"中华五岳"之冠。在中华八千年历史进程中,仰韶文化、龙山文化、三皇五帝、夏都阳城在这里都有遗址;帝王将相、墨客骚人,慕名而来,或祭祀封禅,或立碑勒石,或绘画留丹。在嵩山的峰林之间,佛教禅宗祖庭少林寺,道教圣地中岳庙,与儒家的嵩阳书院鼎足而立,使嵩山成为少有的佛、道、儒三教汇聚之地。嵩山寺、庙、宫、观遍地林立,祠、庵、塔、堂、院、宅、台、坛、阙、馆举目皆是，碑刻题记、石雕壁画星罗棋布。据统计，有十寺、五庙、五宫、三观、四庵、四洞、三坛、二台、三阙、一院、碑刻几百通，古塔270多座。这些古建筑集历代典型建筑之大成，其工艺巧夺天工，是中国少有的建筑艺术宝库。"抬脚踢到秦文化，伸手摸到汉砖瓦"，嵩山的每一个地方无不打着文化的烙印。历史上曾有黄帝、尧帝、大禹、夏启、周武王、汉武帝、北魏孝文帝、唐太宗、唐高宗、周女皇武则天、唐玄宗、金世宗、清高宗等17位帝王先后幸临嵩山。特别是我国历史上唯一的女皇武则天对嵩山更是宠幸有加，曾10次登临，并于公元696年在嵩山举行盛大的封禅大典，女皇登嵩山、封中岳，登封之名即由此而来。还有许由避尧隐于箕山，李聃写道经遁于嵩高，达摩创禅宗于少林，二程演儒理于嵩阳。此外现存规模最大的塔林——少林寺塔林；现存最古老的塔——北魏嵩岳寺塔；现存最古老的阙——汉三阙；我国第一座尼僧寺院——永泰寺；树龄最高的柏树——汉封"将军柏"；现存最古老的观星台——告城元代观星台，加上苍翠清幽的法王寺、回环险绝的轩辕关、慧可断臂求法的立雪亭、嵩山碑王大唐嵩阳观纪圣德感应之颂碑等等，皆为中国人文风物的瑰宝，可谓中岳千古文明，河山十方浩气，俱汇嵩山。"自古山川秀，嵩山无穷奥"，凡是研究过嵩山到过嵩山的人，无不为它的博大精深、奥妙无穷所倾倒。

在嵩山脚下地质博物馆后面的广场上，一座大型双碑体世界地质公园标志碑巍然屹立，形象如同一本打开的书，寓意世界地质公园打开了嵩山这本地学百科全书。碑高15.12米。基座的五层台阶，由采自嵩山五个地质时代的石材砌成，象征"五

代同堂"的地层层序，三条步道代表三次造山运动。 徘徊碑下，我不禁想到了国土资源部地质环境保护司原司长姜建军的一段话：

"当今，中国正在崛起，作为华夏文明源头核心区的中岳嵩山，今天再次成为大家关注的焦点，我们期待嵩山世界地质公园这一顶级品牌给中国、给河南、给郑州、给登封带来新的福音。"

# 奇峡秀水云台山

撰文/刘扬正　摄影/山　夫

　　世界地质公园——云台山：2004年2月13日入选世界地质公园。云台山位于河南省焦作市修武县境内，是全球首批世界地质公园，同时又是河南省唯一一个集国家重点风景名胜区、国家首批AAAAA级景区、国家地质公园、国家森林公园、国家水利风景名胜区、国家猕猴自然保护区六个国家级景区于一体的风景名胜区。景区面积190平方公里，含泉瀑峡、潭瀑峡、红石峡、子房湖、万善寺、百家岩、仙苑、圣顶、叠彩洞、青龙峡十大景点。由于山势险峻、陡峭，落差悬殊，常年云雾缭绕，故称云台山。

全国名叫"云台山"的风光名胜区多矣，但最负盛名者，当推河南焦作市修武县的云台山，它以独具特色的"北方岩溶地貌"被列入首批世界地质公园名录，于此可见其影响和魅力。

云台山在元古时候乃是一片汪洋，随着世纪的流逝，地壳的变动，逐渐升起抬高形成平原。在十几亿年前奥陶纪和震旦纪造山运动时期，地貌景观发生了很大的变化。在燕山期，北部上升，形成高山，南部下降，形成平原。在喜马拉雅造山运动影响下，又使山区急剧上升，河流迅速下切，形成又深又陡的峡谷。其后，地表、地下水沿裂隙对岩石进行溶蚀，再加上其他风化营力的影响，就造成如今的群峡间列、峰谷交错、悬崖长墙、崖台梯叠之态。磅礴奇秀，气象万千。

云台山以山称奇，整个景区奇峰秀岭连绵不断，主峰茱萸峰海拔1308米，踏千阶的云梯栈道登上茱萸峰顶，北望太行深处，巍巍群山层峦叠嶂，南望怀川平原，沃野千里、田园似棋、黄河如带，不禁使人心旷神怡，领略到"会当凌绝顶，一览众山小"的意境。云台山以水叫绝，素以"三步一泉，五步一瀑，十步一潭"而著称。落差314米的全国最高大瀑布——云台天瀑，犹如擎天玉柱，蔚为壮观。天门瀑、白龙潭、黄龙瀑、丫字瀑飞流直下，形成了云台山独有的瀑布景观。多孔泉、珍珠泉、王烈泉、明月泉清冽甘甜，让人流连忘返。这里瀑飞泉悬，潭幽溪清，山水含情，草木解意，自然的灵性和生命的灵动在这里演绎得生灵活现。

温盘峪是云台山最具特色的景点，是云台山峡谷极品的主要代表，景区集秀、幽、雄、险于一身，泉、瀑、溪、潭于一谷，素来享有"盆景峡谷"的美誉。温盘峪又称红石峡，整个峡谷，由红岩绝壁构成，属于我国北方地区少有的丹霞地貌峡谷景观。碧绿的潭水，红色的山体，鲜明艳丽，无论是荡舟潭中，还是徒步援壁前行，步移景换，诗境画意，处处神秘诱人。《云台山山水风光片》解说词中这样形容红石峡："人们都说，红色象征热烈，象征着蓄势待发的冲击，象征着淋漓尽致的喷薄……横陈于眼前的红色崖壁，把伟岸与秀美搁置在同一个空间，映带于左右的碧水流泉，把热烈与冷静有机地融合在一起"，"在它的胸怀之中，有'铁板铜琶'的大气；也有'清词丽句'的细腻，有关西大汉的粗放；更有吴越美女的精致，总之，红石峡的美是一种刚柔并蓄的美，一种人工无法模拟的美，一种极致的美"。 的确，跻身狭长的红石峡谷，上有危石万仞，下有汩汩溪流，让人切身感受到了它给你的热烈与大气，体会到了山水文化的悠闲与精致。温盘峪长约1公里，峪深80多米，最宽处不过20多米，最窄处不到5米。它低凹于地表之下，两岸峭壁山石，仿佛鬼斧神工雕琢而成，又好像名山大川浓缩后的精华，峭壁间时有一挂挂珠帘似的泉瀑争相倾泻，流水急湍，瀑声若雷，若蓝天丽日下会映出一道彩虹，温盘峪由于在地表之下，又窄又深的峪内的空气不能与外界大气候正常交流，便形成峡谷内特有的小气候。盛夏时节，峪外酷热难挡，峪内却一片秋意；隆冬时节，峪外冰天雪地，峪内却花红草绿，苔类植物生长茂密，显得春意盎然。冬暖夏凉，温度适中，仿佛处在恒久的温暖中，这也就是"温盘峪"名称的由来。由于峡谷内分布有"首龙潭"、"黑龙潭"、"青

龙潭"、"黄龙潭"、"卧龙潭"、"眠龙潭"、"醒龙潭"、"子龙潭"、"游龙潭",故又称"九龙潭"。九处龙潭,各有奇异之处,尤以黑龙、黄龙二潭为最。黑龙潭至幽至奥,碧绿的潭水映衬朱红色山体,透出明丽鲜艳。黄龙潭峡宽 20 多米,水深处湛蓝无比,水浅处清澈见底,水中有大量可观赏奇石。黄龙瀑,银白色的水帘从谷顶倾泻而下,

潇洒飘逸，飞瀑之声如急雨、如裂帛，瀑布与涌泉并出，真如一块硕大精美的水体雕塑、天然壁画。

潭瀑峡是云台山又一处代表景点。它东面峭壁耸翠，基岩峥嵘；西面峰群排列，争奇斗异。在曲曲弯弯的沟槽内，潆洄着一条会唱歌、会跳舞的小龙溪。小龙溪的溪床，由一层层高低不一、色彩有别、宽窄不同、曲折有致、形态各异的自然山石台阶所组成。小龙溪则像一队美丽的歌舞明星，以层层台阶作舞台载歌载舞，翩翩历阶而下。并在每个石阶舞台上，表演出精彩的节目，奉献出妙不可言的美景。或碧波荡漾，或为溪布，或分水涓涓细流，或汇合湍湍激流，或倾泻、或跌落成为银光闪闪的瀑布，瀑下积水，成为彩潭。色泽悦目，清音悦耳。

泉瀑峡（老潭沟）是相传有位天河龙王为解救豫北民间干旱之苦，不惜违犯玉帝旨意，私自降雨被贬下凡间的栖身之处。总长约3公里，两岸高峰耸立，气势恢弘。沟里高处群山如画屏，山中花木如锦绣，脚下清溪如云流。奇石、山泉、花香、飞瀑组成沟谷交响曲。沟的尽端是落差314米，雄冠九州的全国最高大瀑布——云台天瀑。远远望去，只见它上吻蓝天，下蹈石坪，犹如擎天玉柱。吼声震耳、地裂天崩，十分壮观。

茱萸峰，俗名小北顶，又名覆釜山，因其形貌似一只倒扣的大锅由而得名。海拔1308米，峰顶有真武大帝庙、天桥、云梯。相传，王维名诗《九月九日忆山东兄弟》："独在异乡为异客，每逢佳节倍思亲。遥知兄弟登高处，遍插茱萸少一人。"即于此

# 王屋山的秋天

撰文/宋宏建　摄影/山　夫　赵洪山

世界地质公园——王屋山：2006 年 9 月 17 日入选世界地质公园。王屋山位于河南省西北部的济源市，东依太行，西接中条，北连太岳，南临黄河，是中国九大古代名山和道教十大洞天之首，也是愚公的故乡。王屋山世界地质公园面积约 986 平方公里，核心区面积 200 平方公里，包括天坛山、封门口、黄河三峡三个园区，是一座以典型地质剖面、地质地貌景观为主，以古生物化石、水体景观和地质工程景观为辅，以生态和人文相互辉映为特色的综合性地质公园。

太行、王屋二山，方七百里，高万仞。本在冀州之南，河阳之北。北山愚公者，年且九十，面山而居……

我是背诵着《列子·汤问》的名篇，走进了河南省济源市西北40公里处——王屋山世界地质公园的风景名胜区内。

有人说，《愚公移山》这则寓言，就像一枚风干了的红枣，泡进红酒就有红酒的味道，泡入陈醋就是陈醋的味道，而我却要把它当做一种风味小吃，慢慢地咀嚼。那是每年的金秋时节，一树一树的灯笼高挂，燃亮郁郁苍苍的山坳，愚公的子孙们，抬筐挑担，摘下红彤彤的柿子，洗净去皮，阳光漂罢，山风吹过，再撒上面酶，喷了烧酒，放入缸瓮，捂进百年的石板老屋里沉淀、发酵，经过一冬封闭式的酝酿，最终炮制出一枚枚醇厚绵软的柿饼，甘甜若饴，回味若诗，令人朵颐大快，心气芬芳。

高高矗立的愚公移山石雕背后，一痕一痕，红白相间的山谷波翻浪涌，惊涛拍岸。白者为裸露的岩石，远观似雪浪飞沫；红者为灌木黄栌，每到秋季，叶子便如辉煌的火把，红红火火地燃烧起来。在这些游龙蜿蜒的火把指引下，走上曲曲弯弯的山道，耳间回荡着愚

公开山凿石的号子，就有了一种秋收起义、解民水火的激情，抑或一种艰苦创业、振兴中华的意境。

紫微宫前，华盖峰下，一棵我国现存最大的银杏树，高擎覆盖面积亩许的头颅，挺拔着四五十米的伟岸身躯，玉立在九曲回廊的山谷当中。站在这棵两千多岁、被称为"世界植物活化石"的老树面前，渺小如蚂蚁的我们，六七个人手拉起手，才环抱住了她宽广的胸围。耳朵贴在白果树皱裂的皮肤上，我清晰地听到了她那古韵悠远的心跳——叮咚咚，叮咚咚，仿佛一个沧桑的声音，从高天流云中飘出，缭绕着天坛峰端的黄钟大吕，梵音仙乐般由远而近，又渐行渐远：吸一口福地洞天洁净的空气，尝一颗千年老树冶炼的仙果，喝一口不老泉里长年不竭的流水，你就会抛弃市井的喧嚣，忘却浮沉的纷扰，感觉没有白来一遭啊！

坐上索道，慢慢悠悠的飞腾。仰头，瓦蓝若海的天空，飘浮着堆棉积絮的云朵，一会儿定格峰峦，凝聚作漱玉泄银的泉眼，一会儿天马行空，流线成剥茧抽丝的织机。俯视，同样是大海，只是那翻腾的波浪有绿色、黄色、红色、褐色、杂色，赤橙黄绿青蓝紫，构成了五彩缤纷的海底珊瑚世界。这里的森林覆盖率接近百分之

百，历经山花烂漫与峰峦叠翠的春夏之后，迎来了层林尽染的季节——黄栌和五角枫等，披上姜黄蛋黄菊花黄的彩衣，挥动橘红桃红玫瑰红的妙笔，在绿波褐浪的原始栎树林中，一坡一坡，一坨一坨，描绘着夕阳里迸溅的霞光，涂抹出处子脸颊羞涩的绯云……

跳下罐笼，忽有大海里凫游上岸的感觉。此刻，海拔1715米的王屋山主峰——素有"天下砥柱"之称、独具"王者风范"的天坛山，已群山环绕、孤傲耸峙在眼前。中国最早的地理志《禹贡》记载，"以其山形若王者之屋"，故而得名。相传古时这里香火旺盛，灵气十足，求子得子，求雨得雨，曾为华夏始祖轩辕黄帝的祭天之所。振振精神，开始登山，瞩目累累石磴，历历凿痕，掩眉苍松翠柏，琉璃红墙，

都似在向游客诉述着唐人司马承祯曾在此出家修道，并将王屋山定为"天下第一洞天"，亦曰"天下第一神山"那鲜为人知的辉煌。

因为天坛山独柱凌空，与东岳泰山鼎峙，故谓之西顶。山巅旧有玉皇殿、虚皇观、轩辕庙、真君祠等建筑。"阳洛天坛上，依稀似玉京。夜分先见日，月静远闻笙"，是刘禹锡对西顶奇景诗意的描述。明万历年间所建的南天门紧挨南崖，系九脊顶式牌坊，下有三孔拱券门洞，南额正中横书"无极玄穹门"，数十里远望南北通明。近年来重修的天坛阁，巍峨壮观，与南天门和明清竖立的碑碣古今熔铸，交相辉映。晴天丽日，登阁望远，265平方公里的景区画卷一般迤逦铺开，云霞眩目，黄河如练，山峦起伏，气势磅礴……

也许是王者风范附身，忽觉心动，一股"力拔山兮气盖世"的豪情油然而生——我想，我不能只流连于极顶秀美的风景，我应趁力敌千钧之际飞奔下山，加入到愚公移山的队伍，与其并肩携手，率子孙荷担者三夫，还有邻人京城氏孀妻那个刚刚换牙也跳往助之的男孩儿，扣石垦壤，箕畚运于渤海之尾。以待上帝感动，再命夸娥氏二子负山填海，为民造福，那将是我秋登王屋的最大收获与心愿！

# 情醉黛眉山

撰文/刘扬正　摄影/山　夫　春　霞

　　世界地质公园——黛眉山：2006年9月17日入选世界地质公园。洛阳黛眉山世界地质公园位于秦岭与太行山的过渡地带，黄河小浪底水库上游南岸，行政区划隶属河南省洛阳市新安县管辖，分为龙潭峡、荆紫山、黛眉山、青要山和万山湖五大景区，面积约328平方公里。是一座以沉积构造遗迹和地质地貌景观为主，以地质灾害遗迹、典型矿产和水体景观等相互辉映为特色的综合型地质公园。公园由一系列具有特殊科学意义和美学价值，能够代表本地区地质历史和地质作用的地质遗迹组成。厚达820余米的中元古界紫红色石英砂岩，构成了黛眉山的主体；波痕、泥裂、交错层理等沉积构造遗迹的种类多达数百种，是反映距今12亿年前后华北古海洋沉积特征的天然博物馆；在新构造运动背景下经流水深切形成的红岩嶂谷群地貌，是研究黄河演化贯通的有力佐证；龙潭峡内由崩塌作用形成的天碑，高达50余米，昂首挺立、直指苍穹，是大自然造就的一座天然丰碑；小浪底水库的建成，在公园内形成面积达168平方公里的万山湖，高峡平湖，港湾交错，山水交融，水光潋滟。黛眉山，一颗万里黄河上璀璨明珠，一幅"红石韵，黄河魂"的锦绣画卷。

"水是眼波横，山是眉峰聚。欲问行人去哪边？眉眼盈盈处。"

黛眉山，一个美得让人心醉的名字。王观的这几句词，好像专为她写的。神交既久，更有幸的是有机会与几位友人一起，受联合国世界地质公园评委、原中国地质科学院院长赵逊博士之邀，参访了黛眉山。

黛眉山世界地质公园位于秦岭与太行山的过渡地带，黄河小浪底水库上游南岸，隶属河南省洛阳市新安县，是一座以沉积构造遗迹和地质地貌景观为主，以地质灾害遗迹、典型矿产和水体景观等相互辉映为特色的综合型地质公园。厚达820余米的中元古界紫红色石英砂岩，构成了黛眉山的主体；波痕、泥裂、交错层理等沉积构造遗迹的种类多达数百种，是反映距今12亿年前后华北古海洋沉积特征的天然博物馆；在新构造运动背景下经流水深切形成的红岩嶂谷群地貌，是研究黄河演化贯

通的有力佐证；核心景区龙潭峡内嶂谷、隘谷呈连珠状分布，潭瀑成群，峡幽水秀，是中原地区罕见的山水画廊。小浪底水库的建成，在公园内形成面积达168平方公里的万山湖，高峡平湖，港湾交错，山水交融，水光潋滟。黛眉山就像一位正当妙龄的娉婷少女，亭亭玉立在黄河南岸，让人遐思万端。

赵逊博士带我们来到黛眉山的核心所在龙潭大峡谷。

还未及踏进峡谷，在景区入口处，新建的一座石牌坊上，两副对联已然先自告诉了我们峡谷内天造地设的雄奇景观。

一副是：八里迷谷，桩桩迷景逗客伫；

千尺险峡，步步险象着人惊。

另一副是：关峡相望，岚为轻云绕；

潭瀑联珠，水呈青龙飞。

赵逊博士告诉我们：在距今12亿年的中元古界，我国华北一带是一片汪洋。由于地壳运动的作用，海底沉积层上升抬出地面，在黄河南岸形成了厚达820米的紫红色石英砂岩。后来在地壳新构造运动背景下，紫红色石英砂岩又经过上隆下降、崩裂塌陷和长期的水冲浪旋、风剥雨蚀，这一带最终形成了独特的红岩嶂谷群，呈现出碧峡红谷、山嶂水洞的地貌特征。龙潭大峡谷正是地壳运动造就的奇观。一条12公里长的紫红石英岩U形峡谷里瀑飞潭幽、谷深峡窄、石奇荫绿，无不展示着沧海巨变所带来的鬼斧神工。

呵呵，赵博士的话让我们心旌摇曳。12亿年前，这里竟是一片汪洋大海，它曾经鱼翔浅底、鹰击长空；它曾经椰影摇曳、惊涛拍岸。后来由于地球的板块运动，沧海桑田，成就了这里的高山峡谷。走在景区里，由大海的流水、波浪、潮汐所形成的岩层和岩石，向人们展示着地球的年轮，诉说着大海的记忆。走在这崖红荫绿的峡谷里，微风吹过，似乎真的能够听到海浪那欢快的歌声。

走近峡口，由赤壁丹崖、五龙瀑布和五龙潭组成的一幅立体山水画便立即映入眼帘。五龙潭，因潭的周围有五条山脉环绕犹如五条巨龙环抱着一泓清水而得名。五龙潭前面的尽头处就是五龙瀑布。五龙瀑布从高高的丹崖中一跃而出，如白龙戏水，扑入五龙潭中，雪花飞溅，轰然作响。瀑布西侧分二阶、东侧分九阶飞落，参差有致，长潭高瀑相接，十分美丽。潭内清波浮动，水影无尘，唯有丹崖青山，如英雄美人相拥水中，情意绵绵，不知晨昏。面对此景，心中不禁涌出一绝：

　　　　五龙洞旁五龙瀑，五龙吐珠向天呼。
　　　　赤壁翠嶂悬玉帘，天光碧水描画图。

沿着栈道攀援而上，穿过一条在断层崖上开凿的人工隧道，便进入龙潭大峡谷之中。左侧就是五龙瀑的上方，内如隐蔽的城堡，位于高近百米的断崖之上。堡内紫红色的地上有清澈的溪水流过，更显幽静。上游是长约百米的龙珠潭，两壁陡峭，右壁上方一年四季都有泉水涌出，如青龙吐珠，大珠小珠连串，滴入湖中，涟漪四散。

潭边随处可见图案各异的波纹石，峡谷内波纹石也一直伴随着我们的脚步。最为著名的有波痕崖和五代波纹石。波痕崖高度达10米，宽度15米，是崩塌背景下，由于崖壁的整体崩塌，导致原来近于水平产出的崖层直立，层面成为崖面，层面上发育的波痕纹理清晰优美，让人惊呼谁将瑶池天河水，拂得崖上清波来。150平方米的大型平面，相当于我们三室两厅的住房面积了。是不是全国目前发现的最大波纹石？没有资料确证，不敢说。五代波纹石由五种不同形状的纹理结构组成，表明

它是经过五个不同时期的沉积而形成的，所以叫它"五代波纹石"。它生动地体现了沉积岩层理构造的演化过程。一个沉积面都要经过若干万年的演化，何况五个沉积面，这真是难得一见的奇观，非常稀有。"亿万斯年方一代，五代同堂奇中奇。"这是一点也不夸张的。

波纹石因在地球地质变迁的进程中，原生地质沉积物在水或风的作用下，表面的砂质沉积物在迁移过程中所形成的层面遗迹，形状极似水的波汶而得名。据说龙潭大峡谷不同类型的波纹石有上百种之多，堪称国内罕见的"天然波痕博物馆"。

看着这些如指纹、如棋盘、如羽状、如人形、纹路万千的石块，

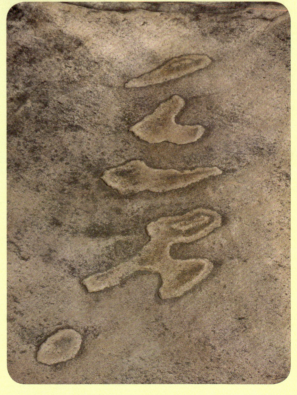

心中油然而叹：

岁月沧桑年复年，纵斜横曲笑对天。

神工留得刀痕在，万种波光赠龙潭。

　　除了波痕石，龙潭峡内最让人惊叹流连的就是一个接一个的雄关险峡群。深峡中赤壁丹崖对峙，如梦如幻，蓝天清水相映，如诗如画，素瀑墨潭相连，如舞如蹈。

后乱石塞川，江河断流，让人胆战神摇。我掏出笔来，记下了当时的深切感受：

> 万钧霹雳天柱折，地裂山崩人踪灭。
>
> 巨石塞川天公怒，气壮苍溟世上稀。

再往前走，更可见有的地方乱石堆积成坝，巨石高耸成碑，方石卧地如玺；有的地方则基岩裸露，平坦如床，或被流水侵蚀成坑成槽，花纹如画。两壁垂立，断裂横贯，危岩到处悬挂。这是因为峡谷两侧石英砂岩的底层有一层比较松软的泥质砂岩，由于断裂发育，局部岩石破碎，在水流侵蚀或地震震动之下，山体突然发生大规模的坍塌和滑坡，巨量的碎石堆积成坝，随之堰塞湖蓄水、溃坝，山崩地裂之后洪水席卷峡谷，留下旷古奇观，如"天碑"、"天玺"、"潜水游龙"、"银链挂天"、"小龙洞"、"虎头崖"等。

造物主的杰作当数天碑为最。天碑是当年天崩地裂后留下的一块直立的巨型片石，高50米，侧看成刀，正看成碑，稳插地下，直刺云天，大有凌空遏云之势。这是一块典型的象形石——由于崩塌时岩块发生位移，原来近于水平的岩层呈直立状态，巍然耸立。天碑石从不同角度仰望，或鹰、或鸟、或鱼、或刀、或碑，横看侧观形有异，远近高低各不同，大自然赋予它的美感丰韵，令人回味无穷。艺术的真谛在于"似与不似之间"，大自然雕刻家创作让人叫绝。

观赏天碑的最佳角度是观刀台，在这里可以一览天碑的丰姿。刚才我们一路走来，天碑时而像劲张的船帆，时而像收翅的雄鹰，从这里看去，却又成了一把大刀，同时，又可以看到满山满谷的浓阴拥翠，刚柔并济，当即成诗二首。

> 历尽沧桑锷未残，一身浩气入九天。
>
> 万载风云都览尽，志在除魔护人间。

> 横看成帆侧成刀，翠谷碧涛竞妖娆。
>
> 山花熏得游人醉，欲将此身入琼瑶。

告别天碑，顺西天梯的800多级台阶拾阶而上，沿山顶走上回程之道。在北岭上居高临下，俯视峡谷，远观群山，看幽谷含翠，烟雾缥缈，丹崖赤壁，云蒸霞蔚。龙潭峡像一幅幅徐徐展开的山水画卷，每一处都令人惊叹和欢欣。在三个观景台上，我分别写下了自己的感受：

凭栏俯眺谷生烟，万千秀色来眼前。
水摇树影波含月，直疑此身半是仙。

茅亭回廊碧色深，高峡雄谷参差寻。
遥看宝刀立天际，豪气冲霄起雷霆。

层台突兀起虚空，幽谷泉鸣丹壁红。
酒峰香溢引雅兴，满山翠色入怀中。

　　别了，黛眉山！别了，龙潭峡！你碧玉般的绿，胭脂般的红，你黛眉般的柔情万种，你龙潭般的神秘壮观，会让我永远回忆。

# 夜宿重渡沟

撰文/刘　杰　摄影/赵洪山　山　夫

世界地质公园——伏牛山：2006年9月17日入选世界地质公园。中国南阳伏牛山世界地质公园位于中国中央山系秦岭造山带东部的核心地段。它是在宝天曼国家地质公园、南阳恐龙蛋化石群国家级自然保护区、宝天曼国家森林公园和世界生物圈保护区、伏牛山国家地质公园和南阳独山玉国家矿山公园的基础上整合而成。属河南省南阳市管辖，行政区划横跨河南南阳所属西峡、内乡、淅川、南召、镇平、邓州等县市。洛阳栾川和嵩县两个园区作为扩展园区于2010年纳入伏牛山世界地质公园。扩展园区有白云山、龙峪湾、老君山、鸡冠洞等景区。区内的地质遗迹极为丰富、类型多样，主要保护对象有恐龙蛋化石、恐龙骨骼化石、含蛋化石的典型地层剖面、秦岭造山带重要的断裂缝合带构造遗迹、构造地质块体界限断裂及相关的沉积建造遗迹、古秦岭洋有限扩张小洋盆洋壳蛇绿岩残片遗迹、火山熔岩岩枕群及气孔状流纹状岩石构造遗迹、岩溶洞穴、梯式瀑布群、湍急洞溪、峡谷及人工河道、构造断陷高山河源湖、山间断陷洼地、泉水、地下暗河、大型交错层理、蛇绿岩片层序剖面、多种地貌遗迹、沉积相特征标志、古气候特征标志、龟及其他脊椎动物化石、琥珀及微体化石、自然生态环境等。伏牛山北坡的栾川县、嵩县，拥有花岗岩滑脱峰林地貌；构造岩洞穴、瀑水钙化等地质景观，以及以栾川特暴龙为代表的白垩纪恐龙化石群、元古界三叉裂谷系火山岩群、伏牛山碱性岩带栾川特大型钼矿床等地质遗迹，具有稀有性、典型性和系统性特征。

　　豫西重渡沟是近年开发的一个景区，朋友告诉我，那里风景很美。为了解更多的情况，我查阅了手边2004年以后出版的所有旅游地图册，但没有结果。

　　我是在国庆黄金周之后，随几个朋友成行的，天气不错，游人不多，汽车到达重渡沟景区门口的时间是下午5点，买了门票便进入了景区。

　　进门的时候要了一张简介，上面标明了重渡沟的定位：国家级生态示范区、国家AAAA级景区、河南省十佳景区。简介还概括了景区的特色：水的世界、竹的海洋、农家乐园、人间天堂。

　　根据简介上的图示，在汽车行进中，我们确定了旅游线路和日程安排。重渡沟景区呈Y字形，右边一叉为滴翠河景区，左边一叉为金鸡河景区。当天时间已晚，我们决定先游览汽车一直能够开到顶部的滴翠河景区，然后返回分岔处找一家有特色的"农家乐"住下，第二天将汽车停放在金鸡河景区下端的千年菩提树停车场，

用一上午的时间徒步游览金鸡河景区，用完中餐后返回。

汽车行进中两旁总有翠竹相伴，开始时翠竹、青山、小河、农舍交相映衬，到了滴翠河景区中部，完全成为清一色的竹林，密密麻麻、遮天蔽日，始知"竹的海洋"绝非夸张。

过了"龙曳磨"，汽车在"农耕村"门口停了下来，"农耕村"里锣鼓喧天，估计正在演出。要参观，需要另外买票。

天色已晚，我们向左拐入一条小路，先去参观自然景观。滴翠河景区的主要景观集中在其顶部，有10多个景点组成一个三角形的小循环，走完需要一个多小时，我们只就近观看了3个重点景点中的震天雷瀑布和玉如意瀑布，水帘仙宫没有去，留下了一个小小的遗憾。水帘仙宫是一个溶洞，据说洞内珠雨弥漫、钟乳石倒挂、石笋丛生，景色很是不错。

距震天雷瀑布还有一段距离，就听到了哗哗的流水声，却听不到丝毫的轰鸣之声，走至近前，瀑布的规模和水量都不是很大，起名震天雷确实过于夸张。重渡沟景区中很多景点的名字都是1996年以后栾川县潭头镇在开发过程中新起的。有的名字很好，有的名字欠推敲，"震天雷"就很有点夜郎自大的味道。

沿着陡峭的山坡向上攀登，距震

天雷瀑布不远的地方，可以看到一条规模稍小、比较漂亮的瀑布，那就是玉如意瀑布。

看看天色渐渐暗了下来，我们返回到"农耕村"，这时"农耕村"的管理人员全部下班了，进出的门没有关闭，走进去，发现所有的房屋都已关门上锁，只能看看外观。

"农耕村"是重渡沟景区精心设计的一个文化景观，里面有传统的高空舞狮表演、村酒酿造、棉布织作和陶器制造作坊，一个叫"狼戴帽"的饭庄能够做30多种农家饭菜。

从"农耕村"出来，夜幕开始降临，道路两旁的"农家乐"闪烁的灯火显现出来。我们想选择一个既能停车，又能体现农家味道的地方食宿。车速很慢，我们随走随看，最后顺着两簇青竹中间的一小段坡道，进入了标示着105号的农家院。

正在吃饭的男女主人放下碗筷起身迎接我们，院子中一男两女三个孩子正在玩着抛沙包的游戏，后来又增加了一个女孩子。

谈好了每人10元一晚的住宿费用，男女主人便开始做饭。进房间看看，干净整洁。客房是呈"n"字形的二层小楼，说好住一层，后来看了二层，觉得条件更好一些，就改住了二层。每个房间两张床，有电视机，近旁还有一个小卫生间。女主人说，这是"标准间"，价钱应该比一层贵几块钱，因为价格已经谈好，就不变了，反正房间空着。

主人做饭时，我们坐在小院的小板凳上看孩子们游戏。扔沙包的游戏我小时候也玩过，就连上下场的规矩，都与我小时候一模一样。那时几乎所有游戏都是没有成本的，大多数玩具都自己制作。沙包是自己找旧布缝制的，打木改的板子和木改是自己削砍的。冰鞋的制作比较复杂，得找四根比较粗的铁丝砸直，镶在两块鞋底大小的木板下，用两根鞋带系在脚上，为了在滑动中减速和停住，还将铁丝头部弯回的部分捣扁，用锉刀锉成犬牙状，等等。虽然不像现在的孩子们有那么多现代化的玩具，但也觉得趣味无穷。

不多一会儿，饭菜端了上来。鸡蛋木耳、南瓜丝、土豆丝、豆芽，4个大盘子，菜满得都要往下掉。主食是用竹篮子提出来的馒头和豆包，还有冒着热气的稠稠的玉米糁子粥。几个人吃得很香，饭后每个人都说自己吃得太多了。

吃饭间，主人过来过去地干着自己的事情，断断续续地与我们聊着天。

朱柱子今年49岁，三年前贷款20多万元盖起了这个能接待60多人的二层小楼，运作两年就已经还了10多万元。刚才在院子里玩耍的孩子里有两个是他的，上五年级的女儿和上二年级的儿子。另外还有一个大女儿，在县城里读高中一年级。

这两年，来重渡沟的人一年比一年多，他们的日子也一天比一天好。国庆黄金周期间，他的"农家乐"几乎天天爆满，有几天他们连自己平时住的房间都腾了出来，自己住进二层上面放东西的简易库房。

说到这里，朱柱子憨厚地笑了："这有什么不好？解决了客人的难处，我们也增加了收入。"

晚饭后，我们逛"街"。周围一片昏黑，好在脚下的路非常平整，不用担心磕磕绊绊。道路两侧一团一团的浓密的暗影，那是竹林。远处闪烁的灯火，是一排连在十大名山之一。黄山属花岗岩峰林景观，以雄峻瑰奇而著称，千米以上的高峰有72座，峰高峭拔。已正式命名的36大峰，巍峨峻峭；36小峰，峥嵘秀丽。其中，莲花峰、光明顶、天都峰为三座主峰，海拔均在1800米以上，鼎足而立，高耸入云，被称为"三天子都"。黄山除了山美外，还以奇松、怪石、云海、温泉"黄山四绝"著称于世。1985年入选全国十大风景名胜，1990年12月被联合国教科文组织列入《世界文化与自然遗产名录》。

日月如梭，光阴荏苒。回想那年游黄山时的情景，虽距今已过多年，但雨中黄山那情、那景、那诗、那味，那挺拔的身姿，那回旋的乐谱，仍不时在我的脑海中浮现，历历在目，难以忘却。

一

算来，那是2002年的暮春时节。当时，我作为中国矿业报特约记者参加了矿业报在安徽黄山召开的宣传报道会议。会议结束后，与会代表爬黄山采风。

是日早餐后，我们从下榻的宾馆乘大客车向黄山奔去。春日下的车内一派其乐融融的气氛，大家有说有笑，兴奋异常。不料，快到目的地时，天空竟在"忽如一

片云雾来，万千珍珠漫天开"中下起小雨来。正在大家诧异时，导游解疑说：一年之中，黄山有三分之二的时间是阴天、雨天、雾天，游人要想看到黄山的晴天可不是件容易的事。此语一出，倒是抵消了众人过多的期盼，也就不再期待着太阳复出，下车各自买了雨披，冒雨向山上走去。

雨丝绵绵，调皮的雨在风的推波助澜下，不时侵扰着大家的额头和脸颊，这"发梢权作弄雨人"的感觉，更将这雨中的黄山添加了许多妩媚的情趣。

虽说天不作美，冷雨袭人，但是大家似乎并没有因这阴冷的雨天而感到压抑，依然充满激情地向前走着，攀登着。也难怪，众人大多是从事新闻宣传工作的，在外面跑多了，可谓见多识广，怎会轻易被外界的环境影响自己的心情呢。人常说随遇而安，大概说的就是此意吧。其实，换一种思路看问题，雨中爬黄山未必不是一件好事，有雨趣而无淋漓之苦。不然阳光四射，"热浪"扑面，刚上山就大汗淋漓、气喘吁吁了，还如何登上山顶呢？如此想来，觉得这雨天也颇有诗意，起码空气湿润，含氧充足，对身体健康有好处，可谓是一个天然大氧吧，真乃天若有情天有雨，雾漫云山得神魂啊。

导游边走边向我们介绍黄山的概况，话语间黄山的分量又在心中添加了许多。

黄山位于安徽省南部黄山市境内，雄踞于风光秀丽的皖南山区，南北长约40公里，东西宽约30公里，面积为154平方公里，人称"五百里黄山"。是我国著名的以自然景观为主的山岳风景区之一。黄山距黄山市府所在地屯溪60多公里，地跨歙县、休宁、黟县和黄山区、徽州区，据史料考证，古时黄山称黟山，传说轩辕黄帝曾在此炼丹羽化升天，唐明皇于天宝六年，即公元747年，特敕改黟山为黄山。

黄山以山岳峰林为主体，山势雄伟，挺拔俊秀，千姿百态。虽说不在我国五岳之列，但黄山以伟奇幻险而著称，奇中见雄、奇中藏幽、奇中怀秀、奇中有险，因而有"天下第一奇山"之美誉。我国明代著名地理学家、旅行家徐霞客曾这样说：五岳归来不看山，黄山归来不看岳。

黄山属花岗岩峰林景观，以雄峻瑰奇而著称，千米以上的高峰有72座，峰高峭拔。已正式命名的36大峰，巍峨峻峭；36小峰，峥嵘秀丽。其中，莲花峰、光明顶、

天都峰为三座主峰，海拔均在 1800 米以上，鼎足而立，高耸入云，被称为"三天子都"。其次，黄山除了山美外，还以奇松、怪石、云海、温泉"黄山四绝"著称于世。景区内重峦叠嶂、争奇竞秀。山体峰顶尖陡，峰脚直落谷底，形成群峰峭拔的中高山地形。山顶、山腰和山谷等处，广泛地分布有花岗岩石柱和石林。黄山自中心部位向四周呈放射状地展布着众多的"U"形谷和"V"形谷。区内奇峰耸立，巍峨雄奇；青松苍翠，挺拔多姿；巧石嶙峋，如雕如塑；云海浩瀚，气势磅礴；温泉水暖，喷涌不歇。在距今约 1.4 亿年前的晚侏罗世，地下炽热岩浆沿地壳薄弱的黄山地区上侵，在距今 6500 万年前后，黄山地区的岩体发生较强烈的隆升。随着地壳的间歇抬升，地下岩体及其上覆的盖层遭受风化、剥蚀，同时也受到来自不同方向的各种地应力的作用，在岩体中又产生出不同方向的节理。

自第四纪（距今 175 万年）以来，间歇性上升形成了三级古剥蚀面，终于形成了今天的黄山。在这些岩体中，由于在矿物组分、结晶程度、矿物颗粒大小、抗风化能力和节理的性质、疏密程度等多方差异造成了宛如鬼斧天工般的黄山美景。在立马桥、天都峰、北海等地段，被认为具有第四纪冰川而闻名。黄山冰川的存在与否，已争论了半个多世纪，至今尚无定论。这也是黄山地质公园又一诱人的魅力所在。

## 二

上山不久，我们便来到了黄山迎客松前。应该说，黄山迎客松是享誉华夏、蜚

声海外了，我们经常能从照片、国画、油画中目睹它高大、沧桑的身姿。

20世纪70年代，我常从报纸上看到这样的照片：每当周恩来总理在人民大会堂接见外宾时，都会和外宾们站在黄山迎客松的屏风前合影留念，因为黄山迎客松象征着团结、热情、坚强、挺拔的品格。从那时起，我便记住了这独具特色的迎客松。

时隔近30年，今天终于见到了这棵著名的长青树，我的胸中禁不住思绪翻滚，敬畏、感动、赞叹、钦佩等各种情节一齐涌上心头，让我欲罢不能……我静静地注视着这棵松树，只见她矗立在山岩之上，挺拔的古松呈现出伞状树冠，树干一边伸出两杈，好像张开双臂迎接前来登山的八方宾客。我们被这棵树干苍健、古朴厚重的迎客松迷住了，不顾细雨淋湿相机，不顾雨珠侵扰面颊，纷纷站在迎客松前照相留念。

通过导游介绍，我知道了黄山林木似海，名松甚多。有名的不仅仅一个迎客松，还有望客松、团结松、连理松、黑虎松、龙爪松、双龙松、卧龙松、麒麟松、辕门松、孔雀松等，可以说这些生长于此的黄山松，株株盘结挺拔，既奇又秀，已经成为了黄山的形象代表和品牌。难怪有人这样赞誉："黄山之美始于松"、"黄山之奇在于松"。作为黄山四绝之首，看来它也确实当之无愧。

黄山春夏秋冬四季景色各异，春夏来时望云海看日出，冬天来时赏雪景观雾凇，而无论何时来，都少不了黄山松的陪伴。据考察，黄山林木茂密，古树繁多，有植物近 1500 种，而黄山松便是其中最重要的一种。

由于黄山松在山岩上顽强生长，迎风斗雪、奋勇向上，因此人们把黄山松精神归纳总结为：顶风傲雪的自强精神，坚韧不拔的拼搏精神，众木成林的团结精神，百折不挠的进取精神，广迎四海的开放精神，全心全意的奉献精神。今天，我们国家以经济建设为中心，对内改革，对外开放，需要的不正是这种黄山松精神吗？

## 三

参观完迎客松后，我们大家又三三两两的向山上攀去。沿途，导游还边走边向众人介绍起了黄山的怪石、云海。

据说，黄山的怪石大约有一千多处，其中比较重要的怪石有一百多处。其中，最有名的怪石要算是"梦笔生花"、"笔架峰"、"仙人指路"和"猴子观海"了。

我一边走一边观察，发现黄山的怪石千姿百态、形状各异。顺着导游的指点，山崖上那些突起的怪石，从不同的角度看去，也变换成了各种风趣无比的人物和动物的造型，有的像老人，有的像女人，有的像猴子，有的像老虎，还有的像马、牛、羊……这些怪石或傲骨峥嵘，或亭亭玉立，让人叹为观止。造物主的神斧刀工将这里的山岩巨石雕刻得如此活灵活现，让我们这些走南闯北的记者们又开了一回眼界。

黄山云海也是"四绝"中的一大景观，到这里想不看都不行。由于黄山山高谷深，雨量充沛，林木茂盛，又位于长江下游的多雨地带，因而水分多、温差大，且不易蒸发，所以极易形成云海，也就由此成就了黄山的一大奇观。难怪古人这样说："黄山自古云成海"。面对着那飘浮游荡的云雾，让人不由的"身在此山中，似入太虚境"。

倘若于晴天置身黄山之巅，极目远望，万里云海尽收眼底，那"欲穷千里目，更上一层楼"的意境，那驾云腾飞、激情滚滚的感觉，会醉杀游人的。当茫茫云海一铺万倾时，险峰幽谷顿时淹没，远处峰尖犹如孤舟。置身峰顶，犹如大海泛舟，眼望云海浩荡，耳听松涛阵阵，心胸也就如大海般宽广雄阔了。

快到山顶时，雨雾似乎更大了，白云就在山路的两侧飘荡游弋，变幻不定，让人感到有几分惊险。导游提醒大家说："看景不走路，走路不看景。要小心注意脚下的路！"这提醒与远处时隐时现在雨雾中的山峰交相，确如幻境与现实的叠加，催生出黄山之旅的又一层意境。

## 四

开始，我还有些担心，害怕自己体力不支，不能登上黄山的最高峰——莲花峰，退堂鼓的鼓槌似乎在心间已经举起，但抬头望望前方那近在咫尺、向人招手呐喊的山巅，再看看身前身后那些在细雨中向上攀登的老人、妇女和儿童，立刻为刚才的念头感到羞愧，动力也就于不知不觉中充填进身躯的每个细胞。

遥想1979年75岁的邓小平曾登上黄山，老人家的豪迈、坚韧与豁达的胸襟，也确实在复述着那句"世上无难事，只要肯登攀"的老话。伟人勇攀高峰的进取精神和眼前这些不辞艰辛的登山人以他们的行动继续鼓舞激励着我。于是，在无数同行者的裹挟下，我沿阶而上，融进了他们攀升的人流中，坚强与快乐感染和伴随着我不停地向上，向上。

经过近两小时的攀登，我终于登上了1860米的莲花峰山顶。站在山巅，放眼望去，但见远方雨雾茫茫，雨雾中的群峰若隐若现，显得巍峨高大。此时云就在脚下，雾就在身边，只要一伸手，就能抓到那缥浮的云，触摸到那雨中的雾，唯独难见黄山的全貌和那博大的躯体真容。东坡先生那句"不识庐山真面目，只缘身在此山中"的意境在此又有了新的诠释。

应当说，黄山是有多种面孔的。雨天是一种，而晴天又是一种。而无论是哪一种，这里的风景对于平时忙碌的我们来说，都是一幅修身养性的绝美画卷。在城里住久了的人们，攀登于这静谧的山中幽径，穿行于云雾环绕的幽谷小路，聆听山泉滴入石间，欣赏金秋密林浓荫，草露花香沁人肺腑，没了外面世界的喧嚣嘈杂，少了名利场上的明争暗斗、苦闷无奈，只有这时才能体会出白云悠悠、山风阵阵的安然和惬意，这一份难得的舒畅和纯真真的让人陶醉了。

# 五

下午，风终于停了，雨也小了许多。我们向山下走去。

也许是累了，上山时还没觉得的疲乏，在下山时表露无疑了。此时，不但觉得山路陡，台阶也觉得高了许多，每下一步双腿就发软，而且有些酸痛。此刻众人也无心欣赏两侧的景色，只有气喘吁吁的声响了。

行至半山腰，感觉腿肚子有如注铅一般沉重，这时真正体会到了"上山容易下山难"这句话的含义。

经过"坚持"真髓的体验，我们终于回到了山脚下。我转身眺望着雨中那渐渐朦胧的黄山顶，以及那满山遍野的黄山松，倒有些依依不舍起来。有几个同行的同伴说，以后选个晴天再来登黄山，一定要把黄山的景观看全。我也这样想，今后有机会时晴天再上一次黄山。但这样的黄山晴天，究竟在何日呢？

不管怎样，于暮春的时节攀登黄山，体会那一份登高后的爽朗怡然，是一件十分诗意的事。

# 造化钟神秀　独尊天地间

## ——走进泰山

撰文/吴文峰　摄影/吴文峰　赵洪山　吴卫平

　　世界自然和文化遗产、世界地质公园——泰山：1987 年 12 月列入世界文化与自然遗产；2006 年 9 月 17 日入选世界地质公园。泰山，通常指我国的五岳之首，有"天下第一山"之美誉，又称东岳，中国最美的、令人震撼的十大名山之一。泰山位于山东省中部，自然景观雄伟高大，有数千年精神文化的渗透和渲染以及人文景观的烘托，著名风景名胜有天柱峰、日观峰、百丈崖、仙人桥、龙潭飞瀑、云桥飞瀑、三潭飞瀑等。泰山于1987 年被列入世界自然文化遗产名录。数千年来，先后有十二位皇帝来泰山封禅。孔子留下了"登泰山而小天下"的赞叹，杜甫则留下了"会当凌绝顶，一览众山小"的千古绝唱。泰山以其漫长的地质演化历史，复杂的地质构造，典型的地质遗迹而出名，历来为中外地质学家所瞩目，是中国早前寒武纪地质研究的经典地区之一，是建立早前寒武纪地质演化框架的标准地区。张夏寒武纪地层标准剖面，地层发育齐全，出露良好，代表性强，含丰富的三叶虫等古生物化石，是我国区域地层对比和国际寒武系对比的主要依据，在地质学史上占有重要地位。而新构造运动则对泰山的形成有着决定性作用，对泰山的雄、险、奇、秀、幽、奥、旷等自然景观的形成有重大的影响。

　　常言说，有眼不识泰山。对这句话，我一直深信不疑，尽管20年来，我曾十余次到过泰山。

　　泰山，又名岱山、岱宗、泰岳、东岳等。位于山东省中部泰安市境内，东西横亘200多公里，主峰玉皇顶海拔1532.4米，是齐鲁大地上最高的山峰，也是我国东部最高的山峰之一。与衡山、恒山、华山、嵩山并称五岳。因地位特殊，列五岳之首，又有"五岳独尊"、"天下第一山"的美誉。泰山先秦以前称"大山"，后写为"太山"，因太、泰、岱古音相同，才使得此山名称众多。1987年12月11日，泰山被联合国教科文组织列为"自然与文化遗产"名录。2006年9月18日，泰山被命名为世界地质公园，2008年5月31日，泰山世界地质公园在天外村揭碑开园。

　　记忆深处的"泰山"二字，来自以下只言片语：一是母亲口中的"泰山奶奶"，二是毛主席著作《为人民服务》中援引司马迁的"重于泰山"，三是京剧《沙家浜》里唱出的"要学那泰山顶上一青松"。严格地说，这些"泰山"都是模糊的。直到高中，学了姚鼐的古文《登泰山记》，听到老师讲攀登十八盘的艰难经历，一个"道皆砌石为磴，其级七千有余……及既上，苍山负雪，明烛天南，望晚日照城郭，汶水、徂徕如画，而半山居雾若带然"的美丽泰山，一个"山多石，少土。石苍黑色，多平方，少圆。少杂树，多松，生石罅，皆平顶"的原貌泰山，才矗立在我少年的心中。当然，还是感性的，没有参照物。因为故乡是大平原，无山，更无大山。

　　后来，带着对大山的向往，我学了

地质。再后来，便在泰山南北干地质多年。

一

第一次走近泰山，是在1990年春天。那年，岱庙里举行仿宋真宗泰山封禅大典表演。我和朋友们挤在宋天贶殿前的人群里，翘首望着身穿龙袍、头顶黄罗伞的大宋皇帝，在文武百官和侍卫的簇拥下，"迎神、送神、三敬酒、三进香、跪接天书"等，一招一式、有板有眼；并在古典音乐的伴奏下，贯穿表演了高安、天贶、顺安、凝安等几组舞蹈。虽然场面隆重华丽，但看了后心里怪怪的，很不是滋味。把古人敬畏天地的庄严仪式，重复为"游戏"，作为商业活动来持续表演，总有点"大不敬"的感觉。至今，这种封禅表演还在时常进行中。

其实，古代帝王到泰山封禅是一项很隆重的活动。据史书记载，秦朝以前，就有伏羲、神农、尧、舜、禹等来此祭拜，并在山顶留下72个封台遗址，对此，司马迁的史记中有记载；随后，秦皇汉武、唐宗宋祖，都浩浩荡荡来举行过"封禅"大典。所谓"封"，就是在泰山顶上堆土为坛，在坛上祭祀天神，报答上苍的功德；所谓"禅"，就是在泰山下扫除一片净土，在净土上祭祀土神。古人认为"天以高为尊，地以厚为德"、"天高不可及于泰山"、期盼"天地交泰"。于是，登上皇帝宝座的帝王们，为答谢天帝的"受命"之恩，想让自己的"江山永固、稳如泰山"，便到接近天神的泰山之巅，积土为坛，增泰山之高以祭天，表示功归于天；然后，再到泰山之前近地祇的梁父、社首等小山丘设坛祭地，表示厚上加厚，福广恩厚以报地。为了显示"天圆地方"，还把山上的祭坛堆为圆形，山下的祭坛堆为方形。上面提到的

宋真宗，在大中祥符元年（1008 年）十月，自汴京出发，千乘万骑，东封泰山，光仪仗就 1600 人。在这次活动中，他改泰安的前身乾封县为奉符县，封泰山神为"天齐仁圣帝"，封泰山女神为"天仙玉女碧霞元君"即俗称的泰山奶奶。并在泰山顶唐摩崖东侧刻《谢天书述二圣功德铭》。但因伪造"天书"成为笑谈，从此以后，泰山封禅活动停止，宋真宗也成了中国历史上最后一次封禅泰山的皇帝。

元明以后，封禅改为祭祀。有的是皇帝遣使祭拜，有的是皇帝躬身亲行。据记载，清乾隆曾十一次朝拜泰山，六次登岱顶。一座自然山岳，受到文明大国的历代最高统治者亲临封禅祭祀，并延续数千年之久，这是世界上独一无二的精神文化现象，可见泰山在中国的地位。2009 年，泰山以 12 位皇帝到泰山封禅的纪录入选中国世界纪录协会中国封禅第一山，成为又一中国之最。

岱庙西跨院，如今设立有泰山地质博物馆。馆内多篇章介绍了泰山的前世今生，馆外陈列有各种岩石标本，成了人们了解泰山、认识泰山的好去处。据研究，早在 25 亿年的太古代时期，整个华北地区还是一片汪洋，现在泰山所在的位置，则是一个沉降带；到了太古代晚期，在泰山附近发生了强烈的地壳运动即泰山运动，经过褶皱、隆起和变质作用形成了厚度达 12 公里的泰山群变质岩，并出现了古泰山。古泰山又经过十几亿年的历史变迁，到了距今约 6 亿年的古生代初期，再次沉入大海，并在其上沉积了石灰岩和砂页岩。大约距今 4 亿年前时，华北地区上升为陆地，不久，这里逐渐隆起成为一个低矮的丘陵。在距今 1 亿年左右的中生代后期，地球上发生

# 大地心尖盛开的莲花

## ——五大连池世界地质公园记游

撰文/胡红拴　摄影/赵洪山

**世界地质公园——五大连池**：2004 年 2 月 13 日入选世界地质公园。五大连池风景区暨五大连池世界地质公园位于中国黑龙江省的中北部，地处小兴安岭山地向松嫩平原的转换地带，地理坐标为东经 126°00′—126°26′北纬 48°34′—48°48′。地质公园与五大连池市（原德都县）、孙吴县、嫩江县、讷河市毗邻，总面积 1060 平方公里。2000 年，黑龙江省政府设立了五大连池管理委员会，赋予其独立的县级政府职能，行政隶属黑河市人民政府负责五大连池的资源保护与风景区开发工作。

1060平方公里的地质公园内矗立着14座新老期火山，喷发年代跨越200多万年，拥有保存完整、状貌典型的新老期火山地质地貌，科学家称之为"天然火山博物馆"和"打开的火山教科书"。

　　如果说佛教中所说的莲花宝座是莲花满足了人们精神世界中心理愿望的一种需求，我说，五大连池真的是大地呈送给人类世界活生生的"莲花宝台"。尽管我曾经畅想过千百遍五大连池俏丽的容颜，但当旅行车穿越过六个半小时的路途"魔障"，用飞转的轮胎"拨开"五大连池的面纱，我还是在一霎间被她震撼心魂般的大奇大美惊呆了。

　　五大连池之名，来源于满语"乌德林池"的译音，它是由五个串珠状的湖泊"连接"组成的人间福地。五大连池位于黑龙江省的中北部，地处巍峨的小兴安岭山地向苍

莽的松嫩平原转换地带。在1060平方公里的沃野上，14座新老期火山，用苍劲的笔触记述着史前207多万年到近代280多年前火山史海的"沉浮"和兴衰。这里有世界上保存最完整、分布最集中、品种最齐全、状貌最典型的新老期火山地貌；这里有14座拔地而起的"圆锥状"火山锥小山；这里山川俊美，湖光山色交相辉映；这里喷气锥碟、岩熔暗道，千姿百态。在这里，280年前的新期火山——黑龙山、火烧山用炙热的岩熔拦腰切断白河古河道，用"丝线"串起五个彼此相连的火山堰塞湖；在这里，池岸曲线优美的五大连池异彩纷呈，白桦林密，芦荡青青，描绘出北国别样的景色。更奇处，则是这里与法国维希矿泉、俄罗斯北高加索矿泉并列，被称为"世界三大冷泉"，已有上千年医用、饮疗、洗浴历史的铁硅质重碳酸钙镁形的"神泉""圣水"，总是用无形的"魔力"，吸引着海内外慕名而至的远方宾朋。于是，我们的"寻幽"也就从北泉品水开始了"莲池"的探胜行吟。

应该说进入五大连池景区，"塞满"双目的不同肤色的游人、浴客，立刻会让你备感五大连池那国际化风景名胜区盛名的非同凡响，特别是俄罗斯等国浴客的结队成群，"不虚此行"的神圣词汇，会在瞬间灌满兴奋着的脑海。药泉山下，是五大连池最为热闹之处，那街市，那浴池，那一座座疗养院落小楼，那清流芦

荡、火山遗留，无一不在本已激荡着的心间添加上诗意的乐谱。当饮上一杯充满气体的天然冰凉碳酸泉水，痛快舒畅的感觉，立马闪电样地点击醉了的咽喉和肚肠，舒心的快感也会于瞬间布满心神的角角落落。我与叶延滨、吴晔、毕淑敏等先生尽情地碰杯，尽情地感受大地呈送的"哈尔滨啤酒"般的爽心和清凉。

看到作家们的醉意、舒心，陪同采访的黑河市国土资源局局长、黑河市作家协会主席杨晓光"点化"我们说，"这世界名泉养生区（南北药泉），只不过是我们五大连池目前已开发的十二大观光区、八大奇观、一百多个景点中的一个部分"。事实上，黑龙山、火烧山的新期火山观光区，白龙湖的火山堰塞湖泊游览区，温泊的石龙水寨赏秀区，龙门石寨的火山古迹科考区，水晶宫、白龙洞的炎热夏季体验天然冰雪

和"火烧山"。由"黑龙山"和"火烧山"喷溢的熔岩流，如同天然堤坝，把白河截为五段，成为五个熔岩堰塞的小池，而后蓄水成湖，从而形成了中国著名的火山堰塞湖——五大连池。五大连池火山之名便由此而得。

五大连池火山群由13座"盾形火山"，数十"复式火山"和大面积熔岩流组成。"盾形火山"外形像古代作战用的盾牌。这种火山宽缓、规模小，盾顶有火山口。"复式火山"是先形成了"盾形火山"，在其上面又叠加了一个或几个由于喷发形成的火山锥。这种火山在五大连池火山群中居多数，其规模大，分布广泛。

由于断裂的影响，这些火山多呈东北西南向直线分布。药泉山位于此线之东；南北格拉球山并列于直线之西，它们好似一幅摆好阵势的棋局，展布在东西35公里，南北长约25公里的熔岩台地上。火山的相对高度在60～166米之间，其他每座火山相对高度不超过300米。这些"复式火山"地貌大都保存得极为完整，火山口内径一般介于230～450米之间，火山口深度不一，从几十米到100多米，最深的黑龙山为136米，卧虎山有4个火山口，最浅的仅10米。在五大连池，火山形状各异，有的椭圆，有的方形，有的近似三角形或状若新月形等，恰如姹紫嫣红的各色花卉，竞艳盛开在北国的天地。卧虎山遥望似猛虎伏地，笔架山远看似巨形笔架，它们或威猛雄壮，或"文质彬彬"，用文武双全的实力，征服着天下的万千游客。

就说黑龙山吧，它自1719年喷发，1721年再次喷发，史料记载至今已喷发过6次，由于山坡被黑褐色的火山砾、火山渣所覆盖，状如黑龙，夏天的绿色植被和冬天的皑皑白雪都掩不住它黑色的光泽，所以称为黑龙山。黑龙山海拔515.9米，高出地面165.9米，是该地区14座火山中最高的一座，为五大连池第二大火山。这里火山地貌完整、景观奇特，被地质学家比喻成一本"打开的火山教科书"，于是，这火山教科书上的地学记游，也就在脑海留下最美的铭记了。

2009年8月9日于羊城菊味书屋

# 美丽的镜泊湖

撰文/华　野　摄影/赵洪山

　　世界地质公园——镜泊湖：2006年9月17日入选世界地质公园。镜泊湖位于黑龙江省东南部，距牡丹江市区110公里的群山中，是五千年前历经五次火山喷发，熔岩阻塞牡丹江古河道而形成的世界最大的火山熔岩堰塞湖，湖面海拔350米，湖面南北长45公里，东西最宽仅6公里，面积95平方公里。镜泊湖为新生代第三纪中期所形成的断陷谷地。第四纪晚期（大约一万年前），湖盆北部发生断裂，断块陷落部分奠定了今日湖盆基础。同时在今镜泊湖电站大坝附近和沿石头甸子河断裂谷又有玄武岩溢出，熔岩流与来自西北部火山群喷发物和熔岩汇集，在"吊水楼"附近形成一道玄武岩堤坝，堵塞了牡丹江及其支流，形成镜泊湖。这样形成的湖泊，称为堰塞湖。湖区有由离堆山及山岬形成的一些小岛。湖北端湖水从熔岩堤坝上下跌，形成 25 米高，40 米宽的吊水楼瀑布；瀑布下的深潭达数十米，与镜泊湖合为镜泊湖风景区。

被人们誉为"北方西湖"的黑龙江镜泊湖，位于黑龙江省东南部，距牡丹江市区约 110 公里，是我国北方著名的风景区和避暑胜地。1982 年，镜泊湖被国务院首批审定为国家级重点风景名胜区，2002 年被国家旅游局评为国家 AAAA 级旅游区，2006 年被世界教科文组织评为世界地质公园，2008 年被国际休闲产业协会、联合国国际生态安全合作组织、中国国际名牌协会评为中国十佳休闲旅游胜地，使它成为了名誉海内外的北国明珠。

朋友，如果你还没有去过镜泊湖，或者说正打算到此观光游览，那么不妨先听我简略介绍一下镜泊湖的地理情况和人文景观，以便在游玩的过程中心有灵犀。

一

说来，镜泊湖要算是我国最大的火山熔岩堰塞湖了，它南北长有 45 公里，东西宽不过 6 公里，是一个狭长的高山堰塞湖。大约一万年前，在五次大的火山喷发中，流出的岩浆把牡丹江截断，从而形成了现在这个美丽的湖泊。

镜泊湖分为北湖、中湖、南湖和上湖四个湖区，由西南向东北走向，蜿蜒曲折呈 S 状。主要景点有镜泊山庄、大孤山、小孤山、白石砬子、城墙砬子、珍珠门、道士山、吊水楼瀑布、"地下森林"等，这些景点犹如颗颗光彩照人的珍珠镶嵌在万绿丛中。

镜泊山庄在湖的北岸半岛上，山庄内有一些小别墅和旅游设施，是镜泊湖的游览中心。除了镜泊山庄以外，整个湖周围很少能看到其他建筑物的踪影，只有山峦和葱郁的树林，呈现出一派秀丽的大自然风光，而这幽静，可能就是镜泊湖的别样诱人之处。

镜泊湖景点，以吊水楼瀑布最为著名。吊水楼瀑布酷似闻名世界的尼亚加拉大瀑布，瀑布宽约40余米，上下落差20多米。雨季或汛期，瀑布呈现两股或数股跌落，总幅宽达200余米，颇有"疑是银河落九天"的壮美气势。在瀑布旁边，一座小巧的八角亭榭依岩而立，被人们称为"观瀑亭"。连接小亭的是一条铁链围栏的石头阶梯，石阶蜿蜒盘伸，令观者有美不胜收之感。湖水从这里飞泻而下，流入牡丹江，掀起一片白浪，声如雷鸣。每逢晴天丽日，阳光映照瀑布，便会出现色彩斑斓的彩虹桥，在此游览的客人们，无不为其壮美的景色惊叹欢呼。

在镜泊湖东北，小北湖附近，有一处20公里长的条带状地区。这里从东南向西北排列着七个火山口，里面长满了林木，这便是"地下森林"。而镜泊湖景区地面上的森林资源也十分丰富，湖区森林总面积为60万公顷，据当地人说可共采伐一百年以上。

镜泊湖属中营养湖，表现为富营养化为期半年，每年以7、8、9这三个月最为严重，主要是磷含量高。冬季水温为0℃～0.8℃（表层）、夏季表层水温最高可达27℃，全湖年平均水温2.5℃，11月初期湖面开始结冰，冰层厚0.6～1米。

镜泊湖为新生代第三纪中期所形成的断陷谷地。第四纪晚期（大约一万年前），湖盆北部发生断裂，断块陷落部分奠定了今日湖盆基础。同时在今镜泊湖电站大坝附近和沿石头甸子河断裂谷又有玄武岩溢出，熔岩流与来自西北部火山群喷发物和熔岩汇集，在吊水楼附近形成一道玄武岩堤坝，堵塞了牡丹江及其支流，形成镜泊湖。

# 沙漠秘境阿拉善

撰文/刘扬正　摄影/吴卫平　赵洪山

　　**世界地质公园——内蒙古阿拉善沙漠：** 2008年10月入选世界地质公园。阿拉善沙漠，戈壁大沙漠最南部分，位于中国中北部，包括内蒙古的北部和甘肃省的北部。东倚贺兰山，南接祁连山，西达黑河，北部有结构洼地与外蒙为界。占地100万平方公里。自西北向东南绵亘550公里，西北最宽处约273公里，东南渐狭。由北至南，依序为阿拉善、巴丹札兰格与腾格里3个小沙漠。阿拉善盟旅游资源得天独厚，境内著名的巴丹吉林沙漠以最高沙山、最大响沙区、最密集的沙漠湖群构成世界级的沙漠奇观，世界四大宇航中心之一的东风航天城、北温带罕见的珍稀植物宝库贺兰山天然次生林、世界三大胡杨林区之一的额济纳天然河谷胡杨林、享有盛誉的历史文化遗迹黑城及曼德拉山岩画、中国第一座大型机械化天然盐湖生产基地吉兰泰盐湖等，为发展观光旅游、探险旅游、生态旅游和高科技旅游提供了广阔的前景，被誉为"中国秘境"。

　　阿拉善沙漠地质公园是中国唯一系统而完整展示风力地质作用过程和地质遗迹

的地质公园，总面积630.37平方公里，由巴丹吉林、居延和腾格里3个园区及其所属的10个景区组成。

巴丹吉林园区以高大沙山、鸣沙和沙漠湖泊和典型的风蚀地貌为主，包括巴丹吉林沙漠、曼德拉山岩画、额日布盖峡谷和海森楚鲁风蚀地貌四个景区。腾格里园区以多样的沙丘，沙漠湖泊和峡谷景观为主，包括月亮湖、通湖和敖伦布拉格峡谷三个景区。居延园区以戈壁景观、胡杨林和古城遗址为主，包括居延海、胡杨林和黑城文化遗存三个景区。

公园内地质遗迹类型丰富，自然景观优美神奇，人文历史悠久独特，是研究沙漠形成、发展、演化的天然博物馆，更是保护人类生态环境的教科书。


内蒙古阿拉善沙漠地质公园是全球唯一的沙漠世界地质公园。

阿拉善世界地质公园位于内蒙古自治区阿拉善盟境内，地处内蒙古自治区最西部，分为腾格里、巴丹吉林和居延海三个园区。公园以特殊的地理位置、地质构造、生态环境和气候条件形成了以沙漠、戈壁为主体的地貌景观，加之悠久独特的人文历史，构成了阿拉善世界地质公园独一无二的沙漠秘境特色。

阿拉善世界地质公园有四个独具的基本特征：

一是历史性。在这块古老神奇、广袤富饶的土地上，从旧石器时代就留下人类活动的足迹，自春秋战国时代起，狄、匈奴、鲜卑、柔然、突厥、回纥、吐蕃、蒙古等少数民族曾先后在这里繁衍生息。反映殷商、西周、战国先民弱水流域活动的先秦遗迹；居延海和巴彦毛道地区的西汉移民戍边、屯垦开发；雄居盟境东北的贺兰山塞防遗址，纵贯东西的草原"丝绸北道"，以及300年前，土尔扈特部冲破沙俄的重重围阻，历尽艰辛，回归祖国，谱写了"东归英雄"的不朽史诗等，构成了阿

拉善绚丽多姿、独具特色的历史画卷。

　　二是独特性。阿拉善盟旅游资源得天独厚，境内著名的巴丹吉林沙漠以最高沙山、最大响沙区、最密集的沙漠湖群构成世界级的沙漠奇观，北温带罕见的珍稀植物宝库贺兰山天然次生林、世界三大胡杨林区之一的额济纳天然河谷胡杨林、享有盛誉的历史文化遗迹黑城及曼德拉山岩画、中国第一座大型机械化天然盐湖生产基地吉兰泰盐湖等，为发展观光旅游、探险旅游、生态旅游和高科技旅游提供了广阔的前景，被誉为"中国秘境"。

　　三是文化性。阿拉善不仅有独特的地质遗迹、丰富优美的自然风光、浓郁的少数民族风情，还保存有大量的历史文化遗存。黑城出土的居延汉简，是《史记》、《汉书》之外，现存数量最大的汉代历史文献；曼德拉山保存有6000多幅栩栩如生展现古代北方少数民族游牧生活的岩画；南寺内珍藏着大量稀有的佛像、佛经和佛教文化；北寺内建有集语言学家、哲学家、教育家于一身的阿旺丹德尔的纪念塔和纪念碑；唐代诗人王维和意大利旅行家马可·波罗曾在这里留下的优美篇章等，形成了阿拉善独特的文化传承。

　　四是不可替代性。我国最大的航天城——"东风航天城"坐落在这个盟。阿拉善盟还拥有我国唯一坐落于沙漠腹地的佛教寺院巴丹吉林庙，我国拥有湖泊最多的腾格里沙漠，我国距离城市半径最短的沙漠探险营地月亮湖沙漠旅游度假区，全国罕见的地貌规模之大、形状之完美、地貌类型之经典的花岗岩风蚀地貌海森楚鲁，属于风蚀原石构造的稀有峡谷景观的红墩子大峡谷，拥有大量珍贵的国内罕见的门类之多、数量之大、分布范围之广的古生物化石和恐龙化石。这些资源不仅有很高的美学价值，而且有些资源属精品、绝品，是其他地方无法相比的。

　　让我们先去看看巴丹吉林。

　　巴丹吉林沙漠有"中国最美丽的沙漠"之称，是中国第三、世界第四大沙漠，以"奇峰、鸣沙、秀湖、神泉、古庙"五绝著称。巴丹吉林沙漠的最高沙峰为必鲁图峰，海拔1609米，相对高度500米，是世界沙山的最高峰，号称"沙漠珠穆朗玛"。

　　巴丹吉林沙漠也是世界上最大的鸣沙区，这里的鸣沙山数量之多，分布之广，响声之大，世界少见。在这个"世界鸣沙王国"中，可以听到鸣沙响声若飞机轰鸣，似雷声滚滚，非常神奇。

　　巴丹吉林沙漠湖泊众多，已探明的湖泊就有144个，俗称"沙漠千湖"。在众多湖泊中印德日图泉最为神奇，不足三平方米的暗礁上有 108 个泉眼，被誉为"神泉"。

大漠浩瀚，湖泊碧绿，在蓝天、碧水、黄沙、绿草的融合中，让人深深感悟到大自然的和谐与生命的真谛。

巴丹吉林的海森楚鲁风蚀地貌景区，与天下闻名的云南石林、黄山怪石相比毫不逊色。"海森楚鲁"为蒙古语，意为"像锅一样的山石"，这里是我国西部地区花岗岩风蚀地貌最发育的地区之一，也是研究风蚀地貌形成和演化的天然博物馆。这里的风蚀母岩为距今约 1.5 亿～1.8 亿年的侏罗纪花岗岩，由于岩性及其矿物成分的差异，加上长期的风化作用，形成了独特的风蚀龛、蘑菇石等形态的典型风蚀地貌，令人感叹大自然鬼斧神工的无穷魅力。

在巴丹吉林园区里还可以欣赏到神奇的曼德拉山岩画，6000 多幅数千年前的古代岩画构成了气势不凡的曼德拉山岩画群。凿刻精美的各种动物图案，如山羊、盘羊、岩羊、骆驼、马、牛、大脚鹿、狼、猎犬、虎、豹、狐狸、龟、飞禽等，以及围猎、伏猎、列骑、征战、弓箭、搏斗、出行、放牧等各种场景惟妙惟肖、生动逼真。欣赏一幅幅精彩绝伦的岩画，它把人们带入到那神秘而悠远的远古，也为研究我国的民族史、美术史、畜牧史、天文史、宗教史等提供了极为丰富、真实的资料。

腾格里也是一个非常迷人的地方。"腾格里"在蒙古语里即"天"的意思，意为茫茫流沙如渺无边际的天空。湛蓝天空下，大漠浩瀚、苍凉、雄浑，千里起伏连绵的沙丘如同凝固的波浪一样高低错落，柔美的线条显现出它的非凡韵致。

腾格里沙漠是中国第四大沙漠，也是世界上发育沙湖最多的沙漠，且沙湖景观优美。沙漠内部，沙丘、湖盆、盐沼、草滩、山地及平原交错分布。散落其中的原生态湖泊似珍珠般熠熠生辉，其中最为夺目的就是月亮湖。

秀丽的月亮湖湖水凝碧，苇丛含烟，东望其状如新月，西瞰又似中国版图，非常神奇。据检测，月亮湖一半是淡水湖，一半是咸水湖，湖水含硒、氧化铁等10余种矿物质微量元素，且极具净化能力，湖水存留千百万年却毫不浑浊，虽然年降水量仅有220毫米，但湖水不但没有减少，反而有所增加。

月亮湖还是腾格里沙漠诸多湖泊中唯一有海岸线的原生态湖泊，在它三公里长、两公里宽的海岸线上，挖开薄薄的表层，便可露出沉积千万年的黑沙泥。经检测，月亮湖独有的黑沙泥富含十几种微量元素，与国际保健机构推荐的药浴配方极其相似。

腾格里园区的敖伦布拉格峡谷景色奇幻壮丽，是西部最大的峡谷群，被人们称作"西部梦幻峡谷"。整个峡谷总体由西向东展布，深红色的沙石在蓝天、白云的衬托下，显得瑰丽无比，气势恢弘。历经千万年风雨剥蚀、洪水冲刷的大峡谷呈现出一种厚重沧桑、雄伟壮观之美，令人震撼。置身其间，只觉风蚀龛和各种风蚀地貌形态各异，如物似画，栩栩如生。峰回路转间，移步换景，眼前石峰似飞瀑、似城堡、似骆驼、似雄鹰展翅、似一柱擎天，在这里，你可以尽情地张开想象的翅膀，似在进行"艺术的再创作"，赋予了大自然的杰作以更多的内涵。难怪人们又把这里看做是"艺术家的创作源泉"。不仅如此，这绮丽多姿的峡谷群更是研究我国干旱区丹霞地貌成因和演化的典型地区。

居延海园区位于额济纳旗境内，包含居延海、黑城文化遗址、胡杨林、马鬃山古生物化石四个景区。烟波浩森的居延海，茫茫无垠荒漠戈壁，在戈壁与沙漠的过渡带，独特的景观吸引着人们在沙漠中寻找奇迹，真切体验"柳暗花明又一村"的感觉。

那"又一村"也许是额济纳不朽的胡杨林，也许是古朴沧桑的黑城遗址，也许是耐人寻味的古生物化石，这一块宝地实在有太多的待解之谜……

胡杨是世界上最古老的杨树品种，这种多生长在水源附近、耐盐碱、生长较快、生命力极强的高大乔木，有"生而不死一千年，死而不倒一千年，倒而不朽一千年"的三千年生命之说，被誉为"活着的化石树"。额济纳胡杨林是世界上现仅有的三大原始胡杨林之一，现有面积44万亩，仅次于新疆，居全国第二。金秋的胡杨林是额济纳最富魅力的景致，吸引了千万旅游者、摄影师前来"朝圣"。

在额济纳旗东南部距达来呼布镇约25公里的地方，一个古城遗址孤独沉默地

矗立，背负厚重的历史，布满千年的尘埃，这就是黑城遗址。

黑城曾是北方党项族建立的西夏国古都，平面为长方形，周长约一公里，东西两墙中部开设城门，并加筑有瓮城，现今城墙仍高耸地面达10米。近代西方"探险队"曾多次来此探宝，从这里掠夺了大量的珍贵文物。有关黑城的考古资料和研究报告发表后，黑城引起了世界考古学家和旅游者的普遍关注，成为人们向往的神秘地方，吸引着人们去揭开古代额济纳神秘的面纱。

漫步黑城遗址，沉默的古城以一种独特的方式诉说着它沧桑悲壮的历史……

居延海园区中拥有大量珍贵的古生物化石遗迹，主要分布于额济纳旗马鬃山古生物化石自然保护区。保护区内的早白垩纪地层中的古脊椎动物化石和石炭纪地层中的古脊椎动物化石是国内罕见的地质遗迹。主要的保护对象为早白垩纪地层中的恐龙骨架化石、恐龙足迹化石及其蛋化石，龟鳖类化石、鳄类化石等古脊椎动物化石，同时还包括石炭纪地层中的古脊椎动物化石。此外，含恐龙化石地层中能反映其生活时代及埋藏时代的古地理、古环境、古生态学等方面的各种沉积相标志也是重要的保护对象。保护区内古生物化石门类之多、数量之大、分布范围之广均属国内罕见，具有十分突出的典型性、稀有性和代表性。

阿拉善世界地质公园融沙漠、戈壁、花岗岩风蚀地貌以及古生物化石于一体，既是研究沙漠形成、发展、演化的天然博物馆，也是一部普及地学知识的百科全书。

巴丹吉林的秀美神秘，腾格里的钟灵毓秀，居延海的碧波荡漾，古生物化石的耐人寻味，与蒙古土尔扈特部落的人文历史交相辉映，相得益彰，阿拉善世界沙漠地质公园吸引着人们前去探秘的脚步……

# 进大兴安岭　观天下奇观

## ——走进克什克腾世界地质公园

撰文/吴文峰　摄影/祁国忠　文　峰

　　**世界地质公园——克什克腾：** 2005年2月11日入选世界地质公园。克什克腾世界地质公园位于内蒙古赤峰市克什克腾旗，保护面积为5000平方公里，以第四纪冰臼群和花岗岩石林地貌及地质构造为主要特色。园区内具有10种类型的地质地貌景观，即冰川地貌、花岗岩地貌、火山地貌、泉类地貌、峡谷地貌、湖泊景观、河流景观、湿地景观、典型矿床及采矿遗迹景观和沙地景观，具有典型的地学意义。

过去，只知道大兴安岭在我国的东北。2009年秋天，到内蒙古采访，才知道大兴安岭的最高峰黄岗梁，其实就在自治区首府赤峰市西北200多公里的克什克腾旗。等呼哧呼哧地攀上海拔2034米的黄岗梁，打眼远望苍茫的群山和山中的奇石怪岩，才知道这里是克什克腾世界地质公园的一部分。当时，在去往黄岗梁的途中，一位当地的司机兼向导李洪亮师傅曾深情地给我们唱了一首名为《天下最美》的歌曲，其中有这样的句子：天下最美的草原，是我故乡的贡戈尔草原；天下最美的湖畔，是我故乡的达里湖边；天下最纯的泉水，来自故乡的热水神泉；天下最美的风景，就是站在大青山巅；西拉沐沦河边，牧歌响彻在白云蓝天；茫茫黄岗梁林海，一望无边；乌兰布统古战场，历史浮现在你我眼前；阿斯哈图的岩石，描绘着克什克腾美名天下流传……歌声宽广豪放，更让人浮想联翩。

因此，忙里偷闲，怀着一种近似探秘的心情，我走进了克什克腾旗的崇山峻岭和一望无垠的草原，耳闻目睹了这里的地质遗迹天下之"最"。

一

克什克腾旗，位于内蒙古高原中东部，大兴安岭山脉与阴山山脉、浑善达克沙地和科尔沁沙地的交汇处，属赤峰市管辖。距首都北京500公里。克什克腾是由蒙语音译而来，其意思是成吉思汗的"亲兵卫队"。这里历史悠久、文化灿烂，自然风光优美，地质遗迹丰富，被誉为"塞北金三角、北京后花园"。2001年8月，克什克腾被批准为自治区级地质公园，同年，经国土资源部批准建立国家地质公

梁第四纪冰川遗迹园区的大门，停车，在用石头、水泥人造的大树前留影后，直奔热水镇，住在了"交通宾馆"。

热水镇的热水被称为"东方神泉圣水"，据说开发利用已有一千多年的历史。当年康熙皇帝亲征噶尔丹，取得乌兰布统之战胜利后，曾到这里沐浴，至今"康熙浴井"遗址还在。小镇不大，在 1 平方公里，分布着 10 余家温泉疗养院。动储量 3017 吨 / 日，热水稳定自流量 2592 吨 / 日，水温最可达摄氏 87 度左右，内含 47 种化学微量元素，具有很好的保健作用。热水涌水量和承压性较大，补给来源充沛。温泉的形成是远古时代内蒙古高原隆起和大兴安岭火山喷发造成地面断裂，形成花岗岩破碎带，大气降水、孔隙水、裂隙水沿断裂破碎带渗透、循环，在地壳深处受热后，又在导水花岗岩破碎带中汇集，沿裂隙上升涌至地表形成温泉。那夜，我们躲进住宿的房间，把劳累的身体浸泡到温热的泉水中，舒服的滋味无法言表。

第二天天不亮，我起来跑到不远处的小广场上拍日出。尽管刚进入初秋，但身体还是感觉到了冷。广场上矗立的"中国克什克腾地质公园热水塘温泉园区"的石碑，上面用汉蒙两种文字写着简介和说明。其中有"中华人民共和国国土资源部、内蒙古自治区人民政府，二〇〇七年八月二十一日"字样。广场周围，还有许多介绍克什克腾世界地质公园的图片和文字。知道除了经过参观过的的几处，还有"西拉沐沦河大峡谷园区"、"平顶山'冰斗'群园区"、"浑善达克沙地园区"等，它们有的因断裂成型，有的因冰川而造，有的因风沙著称，都是大自然鬼斧神工造成的杰作。来一趟不容易，想法取道看看，一定会大有收获、不虚此行。

那天早饭后，离开热水镇前往西拉沐伦河边的另一个勘探工区采访，回望朝阳中的交通宾馆，只见花墙上挂着的大红条幅写着"建地质公园是一项功在当代、利在千秋的宏大伟业"几个大字，非常醒目……

但愿，年轻的克什克腾世界地质公园能在保护中开发、利用中保护，为人类科学和旅游事业做出巨大贡献！

# 嗨，野三坡！

撰文/宋宏建　摄影/赵洪山

　　**世界地质公园——北京房山**：2006 年 9 月 17 日入选世界地质公园。房山位于北京市西南约 40 公里，地跨北京市房山区和河北省保定市涞水县、涞源县。公园总面积 953.95 平方公里，划分为八个园区：周口店"北京人遗址"园区、石花洞园区、十渡园区、百花山－白草畔园区、云居寺－上方山园区和圣莲山园区属地为房山区；野三坡园区和白石山园区属地为保定市的涞水县与涞源县。北京房山世界地质公园拥有丰富的地质遗迹资源，它展现了中国华北地区数十亿年以来地球演化发展的历史画卷，记录了自太古代—元古代—古生代—中生代—新生代各个地质年代的动荡变迁，是一座浩瀚的天然地质博物馆。

删除昨天的烦恼，选择今天的快乐；设置明天的幸福，存储永远的爱心；粘贴美丽的心情，复制醉人的风景。

——游览野三坡题记

# 野三坡：礼之存于野乎

自从接到部作协通知到野三坡参加笔会那天起，我就迷失在一个幻想中粗犷、荒蛮、野性十足的山坡上。野，能深山老林里野出个茹毛饮血的山顶洞？还是悬崖绝壁上野出群钻木取火的类人猿？带着如此这般的兴奋和疑问，昏头晕脑的我，便匆匆跌进了位于河北省涞水县境太行山与燕山交汇之处，东距北京 90 公里、南离保定市 145 公里、总面积 600 平方公里的天然地质博物馆——野三坡。

在这一处国家级重点风景名胜区内，既有亿万年大自然神奇造化的奇山秀水和旖旎风光，又有历史悠久的古迹文物、纯净壮丽的生态环境，以及浓郁多彩的民族风情。仁者乐山，智者乐水，有人说她是人迹罕至的世外桃源，有人说她是苍茫神奇的旅游胜地，而你只有亲临其境，才能准确体会她那别具洞天的况味。此"三坡"并非彼"山坡"，"三"者非"山"也，除了坡连坡、坡叠坡、坡坡摩肩接踵的众多意义外，也就是根据高低倾斜的海拔，称为上、中、下三个表数目字的坡而已。根据《涿州志》记载："上坡与下坡因山脉之障蔽，气候亦有不同，寒暖相差半月许。每逢春令，下坡核桃已结实，上坡始花。雨降稍迟，耕种亦随之转移。"我们读过"人间四月芳菲尽，山寺桃花始盛开"的诗句，可曾阅览"举首冰川谷中悬，低头杜鹃火胜寒"的意境。由此可见，三坡之名是由地理形势和气候的不同变化而产生。至于野三坡的"野"，旷野、狂野、野性、野蛮等义项显然都牵强附会，最有说服力的解释，即来源于一个"反清复明"的民间传说——

那是明朝初年一个杀气腾腾的岁月，燕王朱棣兴师扫北路过三坡境界。进入峰峦叠嶂的奴才岭上，他那被战火狼烟熏得疲惫不堪的眼眸一亮，清清爽爽看见一只美丽的小兽正向他抱拳作揖。这是一只捧果剥食的松鼠，老天让王意为它在拱手施礼，于是燕王大喜，当即告诉左右："兽且归顺，况人民乎？！"接着颁布诏书，免除当地丁役税粮。这，便是至今还广泛流传的当地曾受过皇封的说法。

时至清代，明朝的优惠政策统统取消，受到燕王恩典的百姓当然怀念明朝。康熙皇帝有一次上五台山寻父，过三坡时就受到阻挠，于是恼羞成怒，大骂其"穷山恶水，野夫刁民"，野三坡之名也便由此诞生。清廷因在此地政令不通，镇压之余，还规定三坡人不许介入科举，以取消其求得功名做官的权力。再说当时也有境外的匪徒盗贼，常常勾结官府来敲诈勒索，处于水深火热中的人民生活不得安宁，遂民主推举"家道殷实，素孚重望"的"老人官"综理坡内事务，最重要的职责就是组织武装保卫乡里。史载三坡人团结齐心，骁勇善战，一旦闻警，不分村界，据说在一次惨烈的战斗中，曾杀死匪盗四五百人。在野三坡，流传着这样一首歌谣："野三坡，野三坡，燕王扫北没扫着。头上束着野雀窝，穿的鞋子向上撅。清朝不让进考场，祖祖辈辈血泪多。"这首歌谣，既有野三坡称谓的前因后果，也有野三坡历史的真实写照。

"野"者，在"蛮横不讲理，粗鲁没礼貌"的义项中是贬义的。然而在历史车轮滚动到 21 世纪新中国的今天，野三坡人却把"野"字作为高高扬起的风帆，以其自然之"野"与人文之"野"的相得益彰，打造出了一艘发展旅游经济的航母，在波翻浪涌的市场经济大潮中劈波斩浪，勇立潮头！是的，在地理位置上，处在山西断垄和燕山台褶代两大构造结合部、位于紫荆关断裂北端的野三坡，不正是由于其距今 20 多亿年历史的洪荒，才孕育出今天以雄、险、奇、幽而闻名遐迩的峰峦叠嶂？在人文优势中，一人当关、万夫莫开之边关要塞的遗迹，坍塌残破的城墙古堡，骚客文人的摩崖石刻，踔厉强悍的风俗民情，不正是这些独特历史文化的潺潺溪流，才濡染着今天那些渴望远离都市喧嚣、回归自然的游客？

两千年前，孔子先师曾云："礼失而求诸野。"意为中原丧乱失去礼乐，就只能到偏远的地方去寻觅，因为那里地处偏僻少受污染，传统保存较好。我们说，一只出现在燕王面前拱手施礼的松鼠，那是偶然的机缘；但把反清复明的口号唱响三坡，则是必然的结果。一个"礼"，为当地人带来了福祉，也带来了灾难；一个"野"，于清代给了政府镇压的理由；在今天却为三坡注入了新鲜血液和勃勃的生机。所以我们感叹，"福兮祸所伏，祸兮福所倚"这句名言，实乃放之四海而皆准的辩证法。

## 老人官：故居至今尚在

沿着曲曲弯弯的山道，车在河北省涞水县白草畔风景区的大泽村村边停下。野

三坡风景名胜区管理委员会的副主任孟祥君，带领我们又沿着曲曲弯弯的石头路，上坡拐弯再上坡拐弯，终于找到了在野三坡历史上，保留相对完整的唯一一所清代老人官故居。

石头路左边，桀骜不驯的木瓦结构式门楼依然戳立在山腰，泛白褪色的门框依然坚挺着"大户人家"的尊严。门楼里供奉土地的神龛保持完整，只是没有昔日祭奠的香火，凸显出一脸沧桑的冷落。房子侧面斑斑驳驳的泥皮墙上，面朝路口的"野三坡"字样轮廓清晰，似乎向游人昭示这里曾经是一方土地德高望重的核心。粗糙的大石头碾盘没了用途，干脆就和石块垒成一道猪圈的墙壁。主人家靠山腰呈台阶式坐落的院门、房门都尘灰蒙锁，人把高的荒草丛中，两个干瘪出"悠久历史"的南瓜，或者是当地一种叫做瓠子的东西依旧悬挂于架，悠悠然荡漾出些幸福的黄褐色晕斑，好像在向游客

们诉说，这个世外桃源自古及今仍沿袭着夜不闭户、路不拾遗的淳朴民风……

翻阅《涿州志》中第八篇关于"三坡支序"的记载，知道三坡隶属涿州虽由来已久，但无可稽查。元、明、清三代的诗人中间，对古涿州八景之一的"盘坡积雪"吟赋的古诗词有多首，比如"此地即桃源，不知汉魏，遑论金元。逃名岩谷，遁迹林泉。大好河山，忍终袖手无人管。满坡积雪，山色有无间"等。所谓的三坡，根据1984年县政府组织旅游资源考察小组对其区域的隶属考证，只是以地势由南向北逐渐增高，因差异大而分为上、中、下三坡而已。

野三坡风景名胜区管委会的孟祥君副主任告诉我们，这里流传的那首歌谣——"野三坡，野三坡，燕王扫北没扫着。头上束着野雀窝，穿的鞋子向上撅。清朝不让进考场，祖祖辈辈血泪多。"实际就是对野三坡历史的真实写照。前面讲过，《涿州志》载，明初燕王朱棣兴师扫北，曾经颁恩诏书免除当地丁粮，清兵入关推翻明朝，废除了当地的优惠政策，三坡人民便祭起了"反清复明"的大旗。清政府为了对三坡施加压力，不许当地人民介入科举，取消其求得功名以及做官的权利。此外，那时也有境外的匪盗勾结官府，隔三差五进入三坡敲诈勒索。人民生活不得安宁，便组织起来实行自治，推举"家道殷实，素孚重望"的老人出来综理坡内事务。这个民主选举产生，相当于解放前其他地方农村保甲长之类的人叫"老人官"。有学者说这是中国最早的民主选举制度，"实开民选之前列，独树自治之先声"。由于清朝政府在三坡政令不通，便将难以辖制的此处以"穷山恶水，野夫刁民"冠之，于是乎，"野三坡"的鼎鼎大名，也便由此诞生并流传。

大群的妇女坐在村边，一面拉家常唠嗑，一面择枣芽做茶。问起老人官的情况，都纷纷摇摇头。找到几个上岁数人，才眯着昏花的老眼激动地说："那年头，选出的老人官可威风了。要敲锣打鼓，戴冠穿服，搭台子庆贺，场面热闹啊！老人官出行，都要骑着小毛驴，到哪村都有人迎接。坡上的红白大事，外边的来人交涉，都得老人官出面摆平。最厉害的是组织武装保卫乡里，一旦闻警，不分村界，号令一下，每家都有人持土枪木棒，呼啸群集奋勇争先。有个典故说老人官进县衙，县官见没给他送银子，就惊堂木一拍要把他轰走。老人官看县官发怒，就一脚踹倒桌子，威风凛凛地大声呵斥："我欠粮交粮，欠银子交银子，你发什么横？摆什么威？"结果弄得县官也没了脾气。共产党解放这里之后，老人官就没有了。现如今他的后人早搬走了，剩下这几所破宅院也没人管，荒的荒塌的塌，就像我们一样没用处喽！"老人的话语断断续续，但却如数家珍，兴奋的回忆过后，便是沉重的凄凉……

老人官的故居周围，一面零星参差着旧日的石头路、石头墙、石头台阶石头房；一面混乱花插着高门楼、马赛克、电视接收器和停放的摩托车。在这个依山势坐落的大泽村里，前清的遗迹与21世纪现代化的庭院，极不协调，但又亲密无间凝聚在一块。尤其是通往清代老人官故居的街道，又陡又窄，先是垃圾飞扬的土路，后是石头硌脚的山道，曲里拐弯上去再弯里曲拐回转，便有一种乘兴而来、扫兴而归的思绪蔓延心头。

近年来，据说当地政府正准备把老人官的风俗作为一种历史文化、一种旅游资源进行整合挖掘，据说还选举出现任野三坡风景名胜区百里峡景区管理处的主任刘生同志，担任造福一方的现代老人官。得知这个消息，我那灰色的视野多云转晴，顿时阳光灿烂起来。

想象着不久，老人官的故居也一定会阳光灿烂！

## 百里峡：冲蚀嶂谷若何

百里峡是野三坡景区最耀眼的一颗明珠，它以独特的自然资源、茂密的森林植被、罕见的植物种类、纯净的原生态和奇险的地貌景观，荣获国家重点风景区、国家 AAAA 级旅游区、国家地质公园、国家森林公园、国家地学科普教育基地等项桂冠。被誉为"天下第一峡"的景区由海棠峪、十悬峡、蝎子沟三条幽深峡谷组成，形如鹿角，全长 105 华里，故称百里峡。踏着鹅卵石铺就的甬道，我们首先走进 35 华里长的海棠峪。举目崖壁峻峭，傲指苍穹，阳刚之气摄人魂魄。叠翠兀立的峰峦之上，奇险的"老虎嘴"、狭窄的"一线天"，还有横空出世的"天生桥"，都会让人一惊一乍；而那仲夏时节开满峡谷的海棠花、点缀嵯峨的独根草、清洌甘甜的"虎泉"以及惟妙惟肖的"观世音"，又会使人融入仙境，物我两忘。从海棠峪峰巅坐索道滑下，便是 45 华里长的十悬峡。这里有巍然矗立的"擎天柱"，有虎踞龙盘的"天犬吠"，有弧形悬挂的"水帘洞"，有叠瀑洞天的"押牛湖"，还有嶙峋怪石形成匪夷所思的"睡狮猛醒"和"唐僧出关"等景，徜徉其间，宛若童话世界令人乐不思归。最后是长 25 华里的蝎子沟，沟内有铁索崖、摩耳崖以及龙潭映月和奇泉飞瀑，最有名的当属爬满峡谷的蝎子草，一棵棵，一片片，滋润着青山绿水，召唤着鸟语花香……

古人诗云："京畿胜景在三坡，三坡魅力数沟各（村名，现在叫苟各庄）。幽峡三道藏绝景，虎嘴天桥一银河。"为什么百里峡能够集雄、险、奇、幽与一体，构成一条波澜壮阔、浓墨重彩的百里画廊，地质专家解释：这种不可再生的地质遗迹，是因为地球内力、外力地质作用，形成的具有典型、特殊的地质现象和地貌景观。具体到两壁直立、谷底有少量沉积物的百里峡，我们可追溯到距今 18 万～248 万年的地球构造运动。随着地壳不断抬升，峡中近水平状态的燧石条带白云岩产生了巨大的垂直裂隙，加上北方的山间急流和山洪暴发，流水沿裂隙强烈冲蚀，使岩石坍塌岩缝加宽，便逐渐形成了狭窄、陡峭、幽深、接近南北方向的构造冲蚀嶂谷。

在百里峡嶂谷中，保存着距今 12 亿年前海底沉积层留下的珍贵"遗产"。比如由海浪、河流、风力作用在松散沉积物上遗留的波状痕迹，由潮涨潮落与水流方向相反在不同物质成分、不同倾斜方向岩层上遗留的羽状图案，由微生物和沉积作用联合形成向上弯凸、深浅相间的白云岩藻叠层石……除此之外，游客还可观瞻鬼斧神工的构造冲蚀嶂谷奇迹：比如呈圆弧状侧洞、双曲凹槽状交错排列的"老虎嘴"，呈拱形沉积岩建筑、地壳深部岩浆顺燧石条带白云岩层里灌入、冷却、抬升及冲刷而成的"天生桥",呈人形背崖端坐、由岩层垂直裂隙、水流淘洗与地表岩石风化作用雕琢的"回首观音",呈一线阳光天缝落下、来自地球内部岩浆运动震出的岩层裂隙"金线悬针",呈涟漪清清、地表水沿裂隙汇集而成的"虎泉",呈浮雕栩栩、不规则形状燧石团块和燧石条带组成的"蟒蛇"……

十多亿年的地质演变触目惊心,百里嶂谷的巍峨壮观撼人心魄。在这时而山重水复、忽又柳暗花明的天然氧吧里,我与大山共呼吸,我与绿水同欢歌,我如梦如幻如稚子,我像雨像雾又像风。作为一名地质工作者,我由衷地感谢上苍,为我们撰写了这部10亿~14亿年前中元古界地层及70万年以来、构造冲蚀形成障谷奇观的历史教科书。

除上述外,百里峡景区还历史悠久,古迹众多——有秦末汉初樊哙屯兵驻扎留下的将军坪、跑马梁、拴马石、大通险道及石栈道遗址;有张献忠、白莲教留下的青龙寨、大寨子等古迹;还是红四方面军和川东游击军的老根据地,老一辈革命家徐向前、王维舟、许世友、陈锡联、张爱萍、向守志等,都在这里留下了闪光的革命足迹。

## 鱼谷洞:洞泉喷鱼有无

鱼谷洞位于野三坡中部,距离北京120公里,是以竹叶状灰岩和泥质条带灰岩为主体的构造岩溶洞穴,风景区以奇泉、怪洞为主。所谓奇泉,即水体无色、无味、无菌、透明,清凉甘甜口味好,纯度高。该洞的矿泉水温度适中,经化验分析,14种微量元素全部符合国家饮用水标准,其总硬度171毫克/升,钙质59.3ppm,对降低心脏病发病率有利;含有硒,有防止心脏病和抑制癌细胞生长作用;含有锌,对慢性病复康有益;还富含钠等。所谓怪洞,是指距今2330万~500万年间,因地表水沿石灰岩裂隙渗透,对其进行溶蚀和冲蚀,最后形成有石笋、石钟乳、石柱、石幔、石旗、石花、月奶石类化学沉积物,以及古暗河沉积的河床砾石等的地下溶洞。

我到过具有"北国第一洞"之称的洛阳鸡冠洞,看过张家界神奇得不可思议的黄龙洞,也游览过贵州喀斯特地貌杰作的九龙洞。它们最突出的共性即像导弹发射基地一般,林立着自下而上生长的石笋和自上而下生长的石钟乳。而鱼谷洞里除此之外,我却看见了大量形象逼真的天锅、石花、云盆与鹅管。尤其那光滑、白皙或盛开若莲花或中空雨丝状吊顶的云盆与鹅管,无疑是远古地质遗迹的奇特景观和大自然赋予人类最精美的作品之一。

鱼谷洞全长约1800米,平均宽10米,高0.5~20米。洞分5层,可谓层层有景景景奇特,洞中有洞洞洞相连。幽深莫测的洞穴,时宽时窄,时高时低,加上五彩缤纷的灯光明灭变幻,给人一种神秘的探险之感。洞内外岩层,为距今4.9亿年晚寒武纪的竹叶状灰岩和泥质条带灰岩。洞底沉积的大量泥土,似梯似田似垄似骨,杂于晶莹剔透、黄褐陆离的石笋、石钟乳之间,朦朦胧胧宛若静谧的村野庄园,恍恍然如有农人月下耕作,成为令人感叹的一大旅游特色。景区内名泉众多,鱼谷泉、神鱼泉、神洞泉、神天泉四大泉群，或以水取胜或以奇闻名。其中最脍炙人口的是洞口南侧的一池泉水，水质清澈见底，长流不息，每年农历的谷雨前后，泉洞中有鱼不断喷涌而出，被列为中国八大怪泉和世界奇泉之一。当地人把喷出的鱼叫石口鱼，专家考证为多鳞铲颌鱼，由于谷雨前后是该鱼产卵的季节，所以每到天黑，鱼群便随泉流蜂拥跃出，做短距离的生殖产卵回游，多时可达 2000 多斤，景象煞是壮观。

在鱼谷泉的观景洞内，我们看到了昔日当地百姓捕鱼的热闹场面。照片显示，每年谷雨时节，人们成群结队敲锣打鼓，奋勇争先跳入泉水，用篓筐或圈网捕鱼。人声鼎沸中，那些细鳞、黑脊白腹的褐色飞梭，颤抖着铲状的下颌与上唇间的两对小胡须，一尾尾、一群群地辗转腾挪，磷光飞扬，那是怎样一个鱼跃龙门、激动人心的场景啊！这种古老的野生鱼种，一条七八两重，食之鲜美可口，喷鱼奇观八到十天，每天少则百斤多则几千，游览其间我就在想：由于特殊的地理环境和储存条件，鱼谷洞里窖存了大量的野三坡美酒；如果适合环保要求，再设一个烧烤摊位，让游客解析了古老星球的生长历程，再来到泉边体味现场捕鱼的乐趣，之后一边品尝美味佳肴，一边吟诗作歌，岂不人生快事？

## 白草畔：冰川杜鹃真伪

白草畔属于山岳型森林公园，地处野三坡景区东北部山巅，总面积 90 平方公里，与京西百花山为姊妹峰遥相呼应，因遍山生长叶子反面长白毛的野草而得名。这里的山势刚劲挺拔，泉水清澈，草木丰盛，异石林立，野生动物成群，十余万亩天然林地密密匝匝，郁郁葱葱，以其原始的自然风光、茂密的森林植被、广阔的空中草原、丰富的植物种类和宜人的溪流瀑布，形成京西太行山脉中一块清凉的"绿色明珠"。据专家考证，园内有种子植物 92 科 700 余种，蕨类植物 12 科 60 余种，药用植物 200 余种；另有脊椎动物 184 种，其中国家保护动物 15 种，被誉为"天然植物标本库"与"野生动物王国"。

5 月 9 日，我随部作协一行十人爬上了海拔 1983 米的白草畔。时值春夏之交，秋天繁盛的白草还没有苏醒，只有紫丁香、野玫瑰、杜鹃花等漫山遍野，散发着沁人心脾的清香。坐在下山的索道上俯首观望，黑白黄红四种桦树，与高大茂密的枫树、栎树林波翻浪涌，黑者乌云沸腾，白者洁荷亭亭，黄者金碧辉煌，红者火焰熊熊。登上蚂蚁岭观景台，五指峰、背山翁、风动石、香炉石，惟妙惟肖的生动形象扑面而立；鸡鸣谷、云浮峦、动物栖息峡、暴马丁香峪，天然氧吧的空中花园一览无余。再说脚下的蚂蚁窝，一堆堆混合着草根的蓬松浮土，呈圆球状上面留一个出口，庄严肃穆又霸气十足地盘踞于山岭之脊。这里的蚂蚁不仅多得出奇，而且个大凶狠，嗅觉灵敏。它的行动非常迅速，我们在它窝边跺一下脚，立马会有成千上万的小生灵蜂拥而出，张牙舞爪爬满土丘，看见就令人生畏。

5 月 11 日凌晨，也就是我们游览后的第二天，国家重点风景名胜区野三坡的白草畔森林公园，飘起了立夏后罕见的一场大雪。整个园区被笼罩在银装素裹的冰雪世界里，而盛开得如火如荼的高山杜鹃，与树林枝梢银光灿灿的雪挂相互辉映，构成了一幅俏洁妩媚的美丽风景。景区工作人员介绍，白草畔五月中旬下雪相当罕见，但因地温过高，积雪不会停留太久，估计只能保持两三天。此次飘雪奇观，是自白草畔森林公园向游人开放以来第一次出现。

白草畔顶峰的石城岭，也是我国北方观日出、赏云海的胜地。天将破晓，依峰远眺，波澜壮阔的云海一望无际，喷薄欲出的红日云蒸霞蔚。看来，此种壮观的晨景我是无福消受了，但是她那神圣迷离的高山草甸、飘飘氤氲的森涛云海、奇崛险峻的峰峦石林、淙淙流淌的鸟语花香，却像

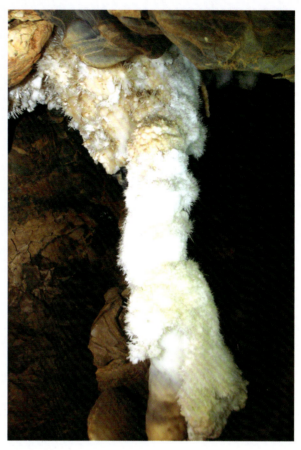

一曲绕梁不绝的旋律，弹拨着游人浑身的每一个毛孔，在颤抖的阳光中化作不朽的永恒。然而从海市蜃楼般的白草畔下来，定格在我心中，抑或说凝固于布满青苔之岩石上最美的图画，还是那一幅美轮美奂的冰川杜鹃。

## 龙门天关：文化长廊信否

气势磅礴的龙门天关，位于野三坡地质公园西北部，地质遗迹非常独特。这里有距今1亿年左右形成的花岗岩组成的巨大断层峡谷，实际是紫荆关深断裂带穿过花岗岩体的一条分支，地壳深部高温岩浆喷出后冷凝的断崖绝壁雄伟壮观。这里的山势险峻，易守难攻，是历史上京都通往塞外的重要关隘和历代兵家必争之地，明清两代均有重兵把守，因而留下了大量人文建筑和摩崖石刻，成为华北地区最大的石刻群。景区包括龙门城堡、内长城、二圣祠、大龙门古村、猿人谷、上天沟和龙门峡谷，被举誉为华北最大的历文化长廊。

顺小西河逆流而上，龙门天关长城文物保护区首先出现在眼前。因年久失修，断断续续的城墙已成残垣断壁。对面山峰傲然挺拔，断崖绝壁高耸入云，山谷清流激浪奔腾，景色肃穆苍凉壮观。要说对其大好河山的艺术概括，女导游朗诵的开篇

## 农家饭：味觉之盛宴嚼

从野三坡的上天沟景区出来，旅游车拐到了山脚的永兴山庄，到一个农家饭店就餐。

整个上午，老天都嘟噜着脸，像游客欠了它二斗黑豆钱不还似的阴阴郁郁，时不时还挥袖甩下几把雨丝，被料峭的山风一吹，仿佛鞭子抽打在人身上。从幽静、冰凉的瀑布群落下来，游客都夹着膀子赶紧上车，进入饭店，依然夹着膀子挤坐一处。开始点菜，都说天冷，啤酒不喝了，直接吃饭，就拣当地最有特色的要。于是，餐桌上便以最快的速度摆出四个菜盘：水芙蓉、小芹菜、青西红柿土豆片和猪肝拌白菜。

两冷两热，绿莹莹青凌凌白花片上点缀着绛红色。四菜虽清清爽爽颇有特色，但总感觉凉嗖嗖的暖不过身子。我就自报奋勇点主食，专挑没吃过的土特产，什么蒸饺子、贴饼子、炉黄、炒小米饭拌豆角，一盘盘一碗碗，小山包状陆续排列到饭桌上。说实话，那其中的"炉黄"别说没吃过，就连这名字都没听说过。我担心这些食品不一定适合大家口味，便一样要一份，说好谁不愿吃可以点其他的菜，绝不勉强。

待菜上齐，一个大女孩不知是激动还是犯嗲，反正是伸出 V 字形的两个指头率

先一惊：耶——同桌的食客都受到感染，齐声哇地欢呼起来。蒸饺子先上，雾霭缭绕中，薄薄的雪白面皮凸着青褐，一堆光洁、温柔的鸭子样扎堆嬉戏。夹一个在蒜瓣辣椒油或姜醋汁里蘸罢，送到牙齿间咬开，哧——一股山槐花的清香立马溢满口腔。齿颊芬芳里再细嚼慢咽，便有更加醇厚绵远的野三坡味道沁人心脾。饺子很快罄尽，下面便是灿烂辉煌的系列，金山金饼金元宝都大盘小碗，闪闪发光地映亮了游客的眼球。

先说这贴饼子，玉米面搅山野菜，放了椒盐在抹了油的铁鏊子上炕，每个比铜钱大些，焦黄焦黄，散发着香酥脆冽的口感。再说那炉黄，当地土话叫 niu niu 又好像 nou nou，因为我不知道是哪两个字，所以只好注个拼音。它和饺子形状大同小异，是玉米面掺了糯米粉，包了红糖拌野核桃仁馅入油锅里炸，出锅就像金元宝堆成的山，富丽堂皇中，奇特的粘、柔、甜和香热味道，会刺激你刚品尝过咸饼子的味蕾蠢蠢欲动。最后说那小米炒饭，精致的花边瓷碗，黄灿灿金砂般的米粒混合了淡紫色的豆角，每人一份热气腾腾地放在面前。刹那之间，厚重的山野气息、浓郁的田园风格、淳笃的农家情结、拙朴的粮食精髓，都一股脑儿扑鼻而来。这小米，是当年收割后石碾子碾出、竹簸箕簸好的新米；这豆角，是上年摘下开水焯过晒干、现又泡发掐蒂去筋炒熟的梅豆。

总之，这片或清逸或香辣或酥脆或甘甜或劲道且稍显粗糙的主食，并不那么精致，那么淡雅，但却熠熠生辉，不仅使我们这些久居于钢筋水泥笼里的城市人胃口大开，空前繁荣了一次味觉的盛宴，而且使许多黑头发黄皮肤子孙们，再一次从迷途的羔羊群里，找到了回家的路线和自己的根……

步出永兴山庄的农家餐馆时，尽管老天依旧一副无精打采、愁眉苦脸的样子，然而游客们却一个个兴高采烈地打着饱嗝，一脸明媚的春色。

# 匡庐晚钟

撰文/夏 磊 摄影/赵洪山 山 夫

　　世界文化景观、世界地质公园——庐山：1996 年 12 月列入世界文化景观；
2004 年 2 月 13 日入选世界地质公园。庐山地质公园位于江西省九江市，总占地面
积 500 平方公里，主要地质遗迹类型为地质地貌、地质剖面。庐山 2006 年被批准为
我国首批世界地质公园。

　　地质公园内发育有地垒式断块山与第四纪冰川遗迹，以及第四纪冰川地层剖面
和早元古代星子岩群地层剖面。迄今为止，在庐山共发现一百余处重要冰川地质遗迹，
完整地记录了冰雪堆积、冰川形成、冰川运动、侵蚀岩体、搬运岩石、沉积泥砾的
全过程，是中国东部古气候变化和地质特征的历史记录。与欧洲阿尔卑斯地区及北
美地区第四纪冰川活动特征有许多相似之处，具有全球对比意义，对研究全球古气
候变化和地质发展史具有极高的科学价值。

以伸展构造为主体，伴随庐山出现的断块山构造和变质核杂岩构造，组成了庐山地学景观的又一特征。受新构造运动作用，庐山孤山屹立，大构造巍峨壮观，小构造千姿百态。庐山变质核杂岩构造十分出众，与世界标型变质核杂岩具有对比性，庐山南麓出露有25亿～18亿年前的早元古代"星子群"变质杂岩地层，载入了《中国地层典》。

构造运动、冰川侵蚀、流水三种地质作用形成的复合地貌景观，是庐山地学上的另一大特征，它与植被和生物多样性一起构成了庐山一幅雄、奇、险、秀的绚丽画卷，体现了庐山地学景观极高的美学价值。

一

每次与外地朋友通电话，末了总要说一句：欢迎来江西做客，我们一起去登庐山。可当朋友真的来了，却总为如何登山而费难，是真的爬好汉坡上去呢，还是驱车直到牯岭。朋友中多有儒雅之士，如果走好汉坡，登三叠泉，怕是体力不支，显出狼狈；可如果只在牯岭或山顶转转，又怕怠慢人家。虽然牯岭已是难得一见的天上的街市，但它毕竟不能完全代表庐山，若是把庐山比做一部百回大书，牯岭所书写的大约只是后面的几回。

话是这么说，其实我也没有真正地攀过好汉坡，可却从未放弃登一次的念头。我一直认为山是有生命的，人只有在登山的时候，才能与这个伟大的生命进行交流，每一次剧烈的喘息和每一次牙关紧咬，都是对生命的一次原始的体验，是一次心无杂念的回归。

因此当我在这个深秋的傍晚试着在好汉坡爬一段的时候，心中是怀着对山对生命的敬意的。

从山谷吹来的寒风，似乎隐隐约约总像带着点山中寺院的晚祈的钟鸣，我知道这只是一种感觉，但是这感觉从我踏上第一个台阶就有了，或许这钟声正是我期望听到的，并已经在我心中萦绕多时了。是的，一个俗人面对着这座"一山藏六教"的宗教名山，是没有办法不诚心祈福的，面对着无数神明的仁爱，谁都没

有办法不去做一次虔诚的参悟，尤其是在这夕阳如血的黄昏。那若有若无的晚钟里会藏着多少轮回的秘密和天堂的消息呢。

这么一想，这次留宿庐山就几乎相当于一次宗教式的膜拜了。

深秋不是上庐山最好的季节，却是最能够让人感怀的。各式各样别墅的红色的屋顶，点缀在萧瑟的秋风里，旧一些的显得凝重，新一些的则渲染出一片灿烂，鲜红的枫叶散布在其间，提醒着人们岁月和季节的变迁。中国文人素来就有悲秋情结，几乎谁面对着层林尽染、红叶如霜，聆听着孤雁长鸣、枯溪浅唱，都不可能无动于衷，他们从来不缺乏想象，眼看着一个个生命在这个季节无声地衰落，联想到人世无常，就难免会生出几许凄凉和叹息。于是，中国最伟大的悲情人物司马迁来到了庐山，他"南登庐山"，为庐山两千年的文化史翻开了第一页，写下了第一个篇章。

庐山是有生命的，它被长江和鄱阳湖滋养着，它的个性里面充满了水的圆融。仁者乐山，智者乐水，这一大片山水天生就是为了启迪人的智慧而生的，难怪那么早那么多人就把庐山当成了仙山福地。

## 二

有一阵笑声可以为我前面这段话作个注脚，这笑声远远地从山中传来，和寺院的钟鼓和鸣，在空荡的山谷里回响了整整七百年，这就是庐山乃至中国文化史上著名的"虎溪三笑"。我看过宋人的《虎溪三笑图》，也看过傅抱石先生的《虎溪三笑图》，宋人画中红叶缤纷，画中人长衣飘飘，一看而知，正是深秋时节，而傅抱石画中不但也是冬衣加身，似乎还能感到正有雪花飘下。由此看来，这件事是发生在庐山的秋冬季节，尽管这事本身还很值得推敲。

这一天，莲教创始人慧远法师还和平日一样撰写经文，毕竟佛教传入中国还不久，兴盛才不过百年，正有大量培养弟子、译注佛经的工作要做，他已经30多年没有下山了。尽管来客

很多，但他每次送客都止步于门前的虎溪，然而他的这条戒律却在今天被两位来客打破了，他们是儒生陶渊明和道教宗师陆修静，三人谈兴正浓，不觉已月出猿啼，慧远意犹未尽，边送客边交谈，竟已过了虎溪。这时，守山老虎也觉奇怪，这位老僧竟然走过了虎溪，于是大声吼叫起来，三人这才惊觉，旋即会心地纵情大笑起来。

翻遍《世说新语》和《莲教高贤传》，也找不到他们谈话内容的只言片语，我们只知道慧远早年研究过老庄学说，并且在讲经的时候常引用儒道经典来解释佛教教义。或许正因为如此，这个笑声才充满了神秘，充满了玄机，也充满了诱惑，毕竟是儒道佛三位高师同时发出来的，毕竟在这之前还找不到类似的记载。

正是因为有了这个笑声，庐山便有了更广阔的胸怀，后世的人们无论是怀着怎样的心思来到庐山，充耳便是这爽朗的笑声，谁能不为之感染，谁又能不变得豁达宽容一些呢。一座东林寺，一座简寂观，这两个不同信仰的中国人的心灵的家园，这两个南中国最大的道场，居然同处一山，而且并无对峙，这实在是中国文化和宗教史上影响深远的一件事。

我曾经这样思考，中国的三教自创立以来，没有过十分激烈的冲突，虽然唐代有过把道教尊为国教，清代有过兴佛抑道，但总体上是温和的，没有出现过长时间的宗教冲突，这与中国幅员广阔、人口众多有关，人们你修你的来世，我做我的神仙，大不了道不同不相为谋而已。还有一个更深层次的原因，那就是他们在终极价值取向上虽然有很大差异，但追求这个价值的过程，也就是对修行的要求却是基本一致的。无论是佛教的轮回，还是道教的羽化登仙，就是儒家的修身齐家、治国平天下的入世思想，也都是以修身为前提，以"内圣"为标准。那么，越是高深的修炼，就应该越是平和圆融的，这或许能解释东晋之后的几百年里，庐山三教共荣的景象。三百多座寺庙和两百多座道观，该能住下多少神仙呀，庐山的钟灵毓秀也就自然而然了，谁都想象不出那么多钟声和在一起能传出去多远，又能回荡多久。

庐山的三笑亭中有副对联，妙趣横生，而又意味深长。

  桥跨虎溪，三教三源流，三人三笑语。

  莲开僧舍，一花一世界，一叶一如来。

有了这经久不息的笑声和钟声，谁还能说庐山没有生命并生生不息呢。

# 三

  我们应该说说庐山这部书的后几回了。在这几回里，另外几个宗教远涉重洋，在遥远的中国腹地找到了它们心中的伊甸园。空寂的牯岭响起了另外一种钟鸣，这钟声并不浑厚，它伴着悠扬的诗唱，通过教堂顶上的十字架，直接把祈祷送上了寥廓的天空，随后又把天国的福音带回来，像种子一样种在人的心里。

  我还是要把话题拉回到宗教上。

  我想我已经明白了庐山宗教繁荣的秘密了。近代传教士们已不仅仅像他们的先驱利马窦那样敬儒、"让耶稣更像孔子"，而是积极地运用近代科学技术为诱惑来张扬他们的宗教文化，加上西方强势的政治文化，入住庐山，甚至入主庐山都不足为奇了，当然，他们也包容了我们本土的宗教。庐山便钟鼓和鸣了。

  我曾经流露过不少对庐山上传教士和外国居民的好感，他们中的绝大部分人是爱中国的，他们在庐山居住只是为了避难，他们中的许多人一生都在山下为中国的

百姓布道和做着慈善事业。是的，我经常为我的这些看法在内心做着反复的挣扎，我无法无视我们民族曾经的苦难，但又无法忘记一张张肤色奇怪却同样真诚的面庞，这其中有一张就是赛珍珠的。

  赛珍珠别墅里的蜡像做得非常好，她亲切得让人忘记了她的伟大，她平常得让人想去和她交谈。赛珍珠信奉基督教，却在中国生活了近40年；她用英文写作，却写了一部反映中国农民生活的长篇巨著，并以此获得诺贝尔文学奖；她金发碧眼，美丽高贵，却取了一个连中国农民都觉得土气的名字赛珍珠。

  我无法把赛珍珠和我们本土的大儒硬扯在一起，但却并不影响我对她的崇敬。我感动于赛珍

珠平缓深情的笔触，我感动于一个外国作家能爱着我们的土地，这位传教士的女儿给予了中国农村深切的关注，给予了中国妇女深切的同情，也在黄褐色的泥土里挖掘出了中华民族高贵的灵魂。

从赛珍珠别墅走到如琴湖边，已是暮色四合，寒气从四周弥漫过来，湖边的店铺和别墅里已亮起了点点灯光。我努力寻找着其中的一盏，这灯光需是从一栋叫"快乐家"的美式别墅里照出来的。"快乐家"是一所孤儿院，是由美国、瑞典和中国三位女士一位传一位办下来的，在日军围攻庐山的时候，她们从难民手中和路边收养了四十二名孤儿，她们用募集的善款让这些贫苦的孩子第一次吃到了奶粉，她们的正义使日军的铁蹄没有踏进孤儿院一步，她们甚至教会了两位盲女朗诵冰心的《寄小读者》，老一辈的庐山人还记得她们灯下夜读时摇曳的身影。宋美龄女士曾经到孤儿院探视，她走到钢琴前，非常动情地说：请允许我弹支曲子，向布朗女士、牧选青女士、胡爱德女士及保教人员致敬。说完，她弹奏了贝多芬的《月光曲》。悠扬的琴声在山中回荡了许久。

这个晚上，我恍惚中不知道到底有没有听到牯岭的晚钟，也许钟声真的传来，我也不一定听得见，因为我久久地被那束灯光吸引，感动着那三位不同国籍不同信仰的女士传递来的同样的爱，我隐约听到了《月光曲》，我看到了如琴湖里倒映着的宛若精灵般闪烁的半轮秋月。

# 赤壁丹崖龙虎山

撰文/张建华　摄影/吴卫平　赵洪山　山　夫

　　世界自然遗产、世界地质公园——龙虎山：2008年2月26日入选世界地质公园；2010年8月1日列入世界自然遗产。位于江西省鹰潭市西南约20公里处，面积380平方公里，主要地质遗迹类型为丹霞地貌类。龙虎山丹霞地貌类型多样，拥有幼年期、壮年期到老年期丹霞地貌的完整序列，尤以壮年期地貌为主体。整个园区呈现一幅碧水丹山的天然画卷。景区内有99峰、24岩、20多种神井丹池和流泉飞瀑，共计108处自然和人文景观。丹霞地貌的成因类型有：水流冲刷侵蚀型、崩塌残余型、崩塌堆积型、溶蚀风化型、溶蚀风化崩塌型。在形态上有：石寨、石墙、石梁、石崖、石柱、石峰、峰丛、峰林、一线天、单面山、猪背山、蜂窝状洞穴、竖直洞穴、天生桥、石门等，并有各种拟人似物优美绝伦的造型地貌。由于本区丹霞地貌类型典型多样，分布集中，并有奇特的火山岩地貌及典型地层剖面，所以具有很高的科学价值和旅游观赏价值。

　　行走在这碧波荡漾、赤壁丹崖的山水间，恍若来到人间仙境，令人心旷神怡，魂不守舍。

　　早就渴望到此一游。毕竟，站在庐山向远方眺望的我，知道龙虎山离此不过几百公里，拿出一张中国地图，你会感叹它们之间的距离，可谓近在咫尺。然而，龙虎之行，却缘于一次在鹰潭举行的笔会，让我的夙愿得以实现。

　　龙虎山是国家重点风景名胜区，位于江西省鹰潭市郊西南20公里处，是我国道教的发祥地之一，同时也是一处风光奇佳的风水宝地，被评为国家 AAAA 级风景名胜区、国家地质公园。

　　龙虎山，以其道教文化遗产和丹霞地貌而享誉中外。传说一，曾有九十九条巨龙腾空而起，云集于此，其山形若龙盘，状似虎踞，所以得名龙虎山。传说二，东汉永元二年（公元 90 年），道教创始人张道陵来到此云锦山，肇基炼丹，"丹成而

龙虎现"，云锦山因此更名龙虎山。后来张天师入蜀未归，第四代天师张盛回迁龙虎山祖坛，从此在这里代代相袭，至今已传63代，历经1900多年。在古代，张天师的影响力极大。元明清三朝，龙虎山曾统领江南道教，总领三山符箓，成为我国道教传播的中心。

我们走在秀峰吉水、峰奇林密的自然景观区。有一种庄周梦蝶的幻觉，身心早已融入这气韵生动的山水之间。龙虎山地质公园以壮年期丹霞地貌为主体，尤以壮年晚期地貌最为典型，所以呈现在我们面前的观赏性极强。造型独特的老君峰、柔和俊秀的仙女岩、形神兼具的象鼻山等，都是世界上丹霞地貌景观中的珍品，具有无与伦比的美学价值。

随行的导游，是地质系的大学毕业生，讲起龙虎山的地质学来侃侃而谈。他说：距今6500万年，盆地的构造运动，使得地壳差异隆升，并伴随有断裂、节理的产生，经长期的水流侵蚀、差异风化、钙质溶蚀、重力崩塌等内外应力的综合作用，造就了龙虎山奇、险、秀、美等千姿百态的丹霞天然美景。

我们观赏着大自然的鬼斧神工，想象着亿万年前那次火山喷发、天崩地裂的情形，让曾经外表平平的地块，变得如此妙趣横生、风光旖旎。行旅中，有人指着崖

壁陷入处："看，悬棺。"大家翘首望去，果然，见一樽樽棺木安置在那些天然洞穴中，随处可见，神奇的崖葬，据说，迄今已有2600多年的越人悬棺，这里竟有200多处。在科技不发达的时代，古人是怎样把它放上去的？他们为什么要把死者安放在悬崖峭壁上？崖葬，呈给龙虎山的，是令人匪夷所思的神秘。

　　说起丹霞地貌，导游显得兴致勃勃。他说：丹霞地貌，由红色沙砾构成，以赤丹崖为特色的一类地貌，是上世纪30年代以广东省仁化县的丹霞山命名的。它主要分布在中国、美国西部、中欧和澳大利亚等地，以我国分布最广，如福建泰宁风景区、福建武夷山、贵州赤水、江西龙虎山、青海坎布拉等。形成丹霞地貌的岩层是一种在内陆盆地沉积的红色屑岩，后来地壳抬升，岩石被流水切割侵蚀，山坡以崩塌过程为主而后退，保留下来的岩层就构成了红色山块。丹霞地貌最突出的是"赤壁丹崖"广泛发育，形成了顶平、身陡、麓缓的方山、石墙、石峰、石柱等奇险的地貌形态，又称"红石公园"。

　　一路走马观花，一路景色宜人，我的镜头一刻也不曾停歇。

　　大家在盘点领略过的"十不得"：男女相依的夫妻峰，是"尼姑背和尚走不得"；含苞待放的水中莲花石，是"莲花戴不得"；硕大无朋的仙桃石，是"仙桃吃不得"；惟妙惟肖的天师炼丹勺岩，是"丹勺用不得"；红紫斑斓的云锦山，是"云锦披不得"；

漩涡翻滚的道堂岩，是"道堂坐不得"；孤峰独秀的钟鼓石，是"石鼓敲不得"；天师试剑的试剑石，是"剑石试不得"；横溪枕流的玉梳石，是"玉梳梳不得"；天造地设的仙女岩，是"仙女配不得"。

终于，走近了这条清澈的溪水，亲近它的时候到了。我们乘着竹排，漂流而下，任一腔诗情逐水流。发源于福建光泽的泸溪河，是信江的支流。碧水如染，晶莹澄清的泸溪河，似一条玉带串起上清宫、天师府、龙虎山、仙水岩等粒粒珠玑，构成了一幅绚丽灿烂的碧水丹青画卷，漂流其中，犹如在画中漫游。

河上，水清如境，映山照人。岸边，银杏香樟，茂林修竹。坐在竹排上看风景，另有一番情趣。连绵起伏的峰峦，仙风道骨，雾岚升腾。艄公是一位年轻的小伙，一边用竹篙熟练地撑着竹

排击水绕滩，一边唱起电影《闪闪的红星》里的插曲："小小竹排江中游，巍巍群山两岸走……"歌声在这赤壁丹崖间回荡，苍翠的山峦仿佛也在低声应和，粼粼清波，把这优美的和弦传得很远很远……

坐在船上，欣赏了一场当地人用滑轮和绞车演绎的升棺表演。似乎为来路蒙生的疑团找到了某种答案。回首龙虎，着实被道教仙府、泸溪碧水、高崖古墓"三绝"所震撼，把景色摄入镜头，把山水收藏心间。龙虎山，令人流连忘返。

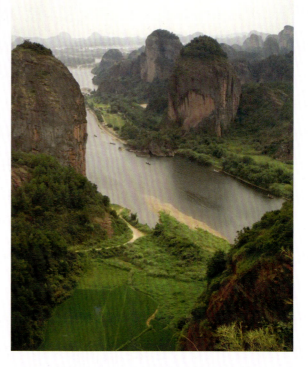

# 三 清 询 道

撰文/夏 磊 摄影/李春霞 赵洪山

**世界自然遗产——三清山：**2008 年 7 月 8 日列入世界自然遗产。三清山位于江西省东北部德兴市、玉山县交界的怀玉山腹部，距上饶市 78 公里，属典型的花岗岩峰林地貌，海拔 1000～1800 米，为中山地形，主峰玉京峰海拔 1816.9 米，为怀玉山脉的最高地质地貌景观。园区总面积 229.5 平方公里，主要地质遗迹面积 71 平方公里。三清山具有秀美奇绝的花岗岩峰林景观，峰林间还有峰墙—峰丛等过渡型峰林，它们千姿百态，堪称天下峰林的橱窗。兼有流泉飞瀑和丰富植被及道教文化，有极高的地学、美学和人文价值。 三清山地处扬子板块与华夏板块结合带，北临赣东北缝合带深断裂，形成于晚白垩纪，距今约 87.4 百万年。侵位受北东东、北北东和北西向三条大断裂控制，喜玛拉雅期岩体迁就上述三条断裂形成典型的"三角形断块山"，并受上述相同的三组断裂裂隙和帚状构造形成的断裂网络控制着山体的峰林、水网地貌景观。三清山的花岗岩峰林景观与其独特的发育环境有关：一是花岗岩时代最年轻；二是强烈的三角形断块作用及充分发育的断裂裂隙网络；三是雨水丰沛，地处中亚热带季风湿润区，径流发育；四是地壳仍处在上升抬升期，地貌处于幼年末期到壮年初期，峰峦、峰墙、峰丛、峰柱、石芽等奇特的微地貌异常发育，而且山体植被发育，十分清幽。景区主体为燕山末期花岗岩杂岩体，花岗岩由黑云母钾长花岗岩和黑云母花岗岩组成。周围为南华系—志留系沉积盖层组成的北东向侏罗山式褶皱带。1988 年 8 月被列为第二批国家重点风景名胜区。2005 年 9 月被列为国家地质公园。2008 年 7 月 8 日，第 32 届世界遗产大会将三清山列入《世界遗产名录》。

　　虽说离三清山只有两个小时车程，也去过几次，但都是来去匆匆。

　　后来，三清山成了世界自然遗产、旅游风景名胜，不断有外地朋友向我打听，有的见我不太清楚，反而向我推荐，看起来他们比我还熟。心中有些惶愧，觉得对不住朋友，身边有这么好的一个去处，却不邀大家来玩。于是我想，确实应该找个时间去山上仔细看看。

　　三清山分南山和北山，南山以自然风光为主，号称"小黄山"，"江南第一仙峰"，建有游览索道，设施齐全，游客众多，节假日更是游人如云。说实在，南山的景色的确不错，作为自然风光景区，堪称上品。

　　但我真正想去的，也是从未去过的是北山。三清山的所有道教人文景观都集中在这边，而这边又恰好是山路崎岖，少有人去的地方。旅游公司对游客都明说，如果时间紧，又怕累，北山可以不用去。旅游公司这样说是很善解人意的。那一片千

年遗址、断壁残垣能吸引几个人的眼球呢，再说，旅游本就很累，又有几个人愿意去探究这花岗岩石块里的道教玄机呢。

　　我想去看看，主要是为了给友人介绍这座山时，可以多一些谈资。

　　三清者，玉清、上清、太清是也。

　　这三位都是道教鼻祖，可见三清山的名字取得不可谓不大，几乎是神仙的聚居点了。号称"江南第一仙峰，天下无双福地"，虽然有些夸张，但毕竟这里曾是真正的道教宗教场所，而且多位先师曾驾临布道，称为仙山福地也算名至实归。山上有玉京、玉虚、玉华三座顶峰，据说是分别象征三位道教祖师，三清山正是因为这三座巨峰而得名。又听说还有一座山峰叫"老

子看经峰"，我就想，这山到底跟老子有什么关系呢，传说肯定会有，那究竟是个怎样的传说呢，这关系到三清山道教文化的底蕴到底有多深。

史书上关于老子的记载，大约停止在公元前516年前后。老子弃周而去，西出涵谷关，被关令尹喜留住，讲道三日。于是，"关令尹喜曰：子将隐矣，疆为我著书。老子乃修书上下篇，言道德之意五千余言而去。"（录自《史记·老子韩非列传》）

老子留下了《道德经》，留下了这部影响中国两千多年，博大精深又充满玄妙的巨著后，绝尘而去，仙人一般，从此杳如黄鹤。《道德经》中的所有玄妙都留给后人自己去悟了。

老子和庄子为代表的道家学说是一个重要的哲学派别。《道德经》中的大部分内容是建立在哲学思想上的经世为人、治国强军的道理。而同时，在老子的学说里也有"长生久视"，"谷神不死"这类说法；庄子也有过"真人"、"神人"之说，更有"不食五谷，吸风饮露"，"乘云气，御飞龙"的具象描述。这些字句显然超出了一般的哲学范围，也许是一种朴素的唯物主义自然观的浪漫主义表达，而这恰好为民间的先生、方士所宣扬的神秘文化提供了思想依据。

因此，到了东汉中叶，当道教作为中国土生土长的宗教正式形成的时候，老庄的道家哲学思想就成了它的思想渊源，老子也就成了道德祖师，进入神坛。

既然老子已被尊为道教鼻祖，那么再讨论道家与道教的异同高低似乎意义不太大了，尽管史书上并无老子的炼丹通医的记载。

对此，美国学者唐纳德·毕肖普教授在他主编的《中国思想导论》中有一段经典的评说：认为道教是作为纯哲学的道家思想的普遍堕落和腐败的产物的看法是毫无道理的。道教的思想体系中包含了道家的哲学思想所缺少的因素，而这些因素在现实生活中对于人类来说都是至关重要的。例如，道家诉诸心灵和理性，而道教却诉诸人的情感、情绪和兴趣。

我想这段话可以理解为，道家学说和道教教义是可以同时进驻同一个人的思想的，只不过作为学说是理性的部分，作为教义则是较世俗的一部分。历史上的方士、教徒大都隐居深山，力图把自己的身体修炼得跟自然完全融合，从而羽化登仙，这正是实践老子在《道德经》中所提出的"人法地，地法天，天法道，道法自然。"

再回到原来的话题，老子离开涵谷关之后的去向，众说纷纭，各执一词，大家都说老子到了自己的修炼之地。这很好理解，老子到过的山，不用自己夸，谁都会认为是仙山。

三清山也不例外，传说，老子骑青牛南下，回到了楚国老家，在江西龙虎山选了个山谷，用茅草搭了个棚子，开始重新研写《道德经》，可是却始终摆脱不了世俗的纷扰，就又骑牛走到三百华里外的三清山。

他发现这座山负阴抱阳，深得自然之妙，遂又聚草为棚，继续研写《道德经》，后人就把一座形神皆备的巨峰叫做"老子看经峰"了。传说到这儿就没有下文了，其实这已足够，足以让天下方士顶礼膜拜，足以让世人刮目相看。

所以，当我这个凡夫俗子前来登山访古时，心中不禁生出无限的敬畏。因为有老子的仙峰在前，加上传说的亦真亦幻，此次登山似乎就不只是简单的访古探幽，更像是寻仙问道，而整个行程就变成悟道了。

踏进"众妙千步门"就开始真正地登山了，山路崎岖陡峭，路边草木丛生，十米之外，古木参天，目力所及，只是眼前的几十级台阶。走过"好汉坡"之后，已是大汗淋漓，开始感到此行的艰辛，而正在这时，一条平坦的小径出现在眼前，抬

头望去，石壁上刻着"逍遥路"三个字。路稍宽了些，有阵阵山风吹来，令人心旷神怡，苦尽甘来，难易交替，平险相生，自然界如此，人世间又何尝不是如此呢。仙山福地果然不同凡响。

再往上爬，就到了三清宫，这里海拔已达 1530 来米。这是一个山顶小盆地，眼前豁然开朗，身心倍觉清爽，不过想起刚刚经历的艰辛，疲惫却也一时难消。

我想，道观之所以建在很高的山上，并普遍高于佛寺，怕是有自己的讲究。因为道人的修炼非常强调自我，以及身边的自然环境，"我命在我不在天"，人与万物有先天的近亲关系，把人类与天地万物看成相互连合一起的大系统，并进而相互融合，就可以长生不老，即所谓得道成仙。所以远离俗世的地方，也就是最适合修炼的境界。

我想，登山是可以悟道的，而修道的确应该在高山之巅。

山顶上整个建筑群是以三清宫为中心，并深得阴阳之妙，前有涵星、清华、映辉三口天然泉池，后面有千年古木，东边有龙首山作为屏障，西面有虎头岩拱卫

着。依照《先天八卦图》，建有龙虎殿、方士羽化坛、玉零观、飞仙台等建筑，其中以震位的风雷塔最是震撼人心。这是一座六层五面花岗岩石塔，两米多高，塔顶为攒尖式，五百年来，静静地立在崖边上。每当晴天日出前后，云蒸霞蔚，剪影如画。动静、巧拙、虚实、藏露浑然一体，相应相生，让人浮想联翩。

山上最古老的建筑要上溯到1600年前的东晋升平年间，炼丹术士、医家葛洪上山结庐炼丹，宣传道教教义。可以说，葛洪是三清山的开山鼻祖。

史书上记载的葛洪，常被称为炼丹术士或医学家。而从道教的角度来看，他更像个职业传教士。他曾带兵打仗，曾经为了生计南下广州，四处游走，他还著书立说，广收门徒。他在道教史上未进仙人谱，但却是个非常特别的历史人物，他信仰老子"道生一，一生二，二生三，三生万物"的理论，他长期炼丹，坚信只要炼出入火不焦，入水不腐，入地不朽的灵丹，自己就有了与之相同的属性，从而与自然万物一样，获得永恒。

同时，葛洪也强调儒道融合，他在《抱朴子内篇》中写道："欲求仙者，要当以忠孝和顺仁信为本，若德门不修，而但求方术，皆不得长生也。"不过，他总体上还是认为道本儒末，"道者，儒之本也；儒者，道之末也。"

他心目中境界最高的道士必须是儒道双修的，入世可以治国安邦，出世可以得道成仙。

葛洪或许就是那种既有理性，又通世俗的人。他既是道家，又是道士，思想上又融合儒家纲常。或许也是因为这一点，葛洪才被后世尊宠，三清山更是因为有了他的到来，名声鹊起。

到了唐代，道教被尊为国教，葛洪炼丹的地方建起了老子宫观，正式奠定了"三清福地"的基础，随后，又建起了葛仙观，供奉葛仙翁、李尚书像，至此，葛洪被尊为仙人，三清山也巩固了道教史上的重要地位。

整个唐宋元明，三清山香火鼎盛，三清宫在明代建成，这前后，朱熹、王安石、陆游、徐霞客都曾慕名而来，更为三清山增添了浓重的人文主义色彩。

直到清代,朝廷兴佛抑道,三清山才渐渐沉寂,这座仙山福地整整风光了1300年。

今日的三清宫,早已没有道士,几百年的风雨剥蚀和人为毁坏,已使这些建筑面目全非。只能在遗址的数量上想象当年的规模,只能从精美的石雕上看出昔日的尊严。

现代人把信仰、膜拜和敬奉只浅浅地放在心里,需要时,想一想罢了,而这只是人群中的极少数,人们的心里已经很少有敬畏的东西,狭窄的胸中甚至都留不下对一座山峰的崇拜和对自然的包容。谁也成不了神,大约谁也不想成为什么仙,何苦庸人自扰。那么,道教的寂寞在所难免,尽管这是曾经扎根在我们脚下的土壤,并生长在我们民族心中的文化。

下山后,心中有一种说不清楚的感慨,南山的风景区游人如织,北山的三清宫却门庭冷落。我不知道,当人们站在玉京峰上鸟瞰苍穹,感叹自然造化的鬼斧神工的时候,会有多少人能对这一片千年道场投来一束哪怕是叹息的目光呢?

无法收拾自己的心绪,随手翻开一本书,书中有一首清代诗人程光璧写给三清山的七律,拿它来做个结尾,觉得还算合适。

> 蚕从辟出耀灵光,仙迹神工总异常。
> 怪石虬松忘色相,胜峰雨嶂变沧桑。
> 盘空漳道三天落,不老经崖万古卷。
> 极目树云天际处,千山紫色入斜阳。

# 雁荡山记游

撰文/李　曼　摄影/赵洪山

世界地质公园——雁荡山：2005 年 2 月 11 日入选世界地质公园。雁荡山位于中国浙江省乐清市境内，部分位于永嘉县及温岭市。始于南北朝，兴于唐，盛于宋，素有"寰中绝胜"、"海上名山"之誉。史称"东南第一山"。总面积450平方公里，500 多个景点分布于 8 个景区，以奇峰怪石、古洞石室、飞瀑流泉称胜。其中，灵峰、灵岩、大龙湫三个景区被称为"雁荡三绝"。特别是灵峰夜景，灵岩飞渡堪称中国一绝。因山顶有湖，芦苇茂密，结草为荡，南归秋雁多宿于此，故名雁荡。雁荡山以锐峰、叠嶂、怪洞、石门、飞瀑称绝，奇特造型，意境深邃，无不令人惊叹，素有"寰中绝胜"，"天下奇秀"之赞誉。雁荡山不附五岳、不类他山，而又独特的品格，"日景耐看、夜景销魂"、"一景多变、变换造景"、"观山景、品海鲜"。古人云：不游雁荡是虚生，今人云：不游夜雁荡是虚生。由此以奇峰、瀑布著称于世。地质公园总面积294.6平方公里，包括三个园区。主园区包括灵峰、三折瀑、灵岩、大龙湫、雁湖西石梁洞、显胜门、仙桥—龙湖、羊角洞等景区，东园区包括方山、长屿硐天，西园区为楠溪江。雁荡山属大型滨海山岳风景名胜区，最高海拔1056.6米。雁荡山是亚洲大陆边缘巨型火山（岩）带中白垩纪火山的典型代表，是研究流文质火山岩的天然博物馆。雁荡山一山一石记录了距今1.28亿～1.08亿年间一座复活型破火山演化的历史。雁荡山地质遗迹堪称中生代晚期亚欧大陆边缘复活型破火山形成与演化模式的典型范例。它记录了火山爆发、塌陷、复活隆起的完整地质演化过程，为人类留下了研究中生代破火山的一部永久性文献。享有"古火山立体模型"的美誉。

高中时，曾读过沈括的《雁荡山》。20多年过去了，不少记忆开始模糊。"春游天台，秋游雁荡"，最近，应了这个说法，我决计与雁荡山亲近一次。

## 东南雄奇雁荡山

进入大龙湫风景区不久，导游把我们带到了流纹质火山岩地貌群。那一排排深褐色的平行纹理，仿佛在向我们叙述1.28亿万年前火山喷溢的壮观景象。

雁荡山，地处东南沿海，踞浙江南海岸线之中，是滨海山岳型风景名胜区，面临东海主峰百岗尖海拔1150米，总面积450平方公里。整座山体型巨大，是环太平洋大陆边缘火山带中一座最具完整性、典型性的白垩纪流纹质破火山，是括苍山的一支余脉。在漫长的历史长河中，雁荡山经历了火山喷发、沉沦海底和重见天日之后的冰河期。岩浆的堆积、海水的侵蚀、冰川的磨砺，孕育了奇形怪状、险峻挺秀的山貌，山峦起伏，绵延悠长，峰奇、石异、洞怪、瀑美、潭幽。

因其地貌的特殊性，雁荡山便产生了剪刀峰，为何从不同角度看的时候有朝天鳄鱼、昭君出塞、玉兰花、海狮、啄木鸟、狗熊偷蜜、桅杆峰、小天柱峰、摇头观音、将军峰、一帆风顺等不同造型，正所谓"三步一景，移步换形"。

雁荡山，天公鬼斧神工雕琢而成的这一雄伟的大型石雕，险峻挺秀的山貌，在

天下名山中，无疑是罕见的奇观。清代钱宾王称剪刀峰"百二峰形名不同，此峰变态更无穷"，现代著名作家、文学翻译家周瘦鸥尤其对移步换景以诗记之："千岩万石如棋布，移步换形各呈妍"，雁荡山因此被誉为"海上名山，寰中绝胜"，史称"东南第一山"。

## 悬崖飞渡惊灵岩

虽是深秋，雁荡山却依然青葱碧绿，她的宁静消除了我旅途的疲惫。正在我为之陶醉之时，不知是谁说，惊险奇绝的悬崖飞渡表演即将开始。

"悬崖飞渡？怎么个飞法？"我问。

导游说："天柱峰与展旗峰之间的通道叫南天门。悬崖飞渡也就是在两峰的峰顶拉起钢索，然后会有两个人在钢索上表演。"在200多米以上的高空表演走钢索，天哪，那是怎样的惊心动魄！说话间，已有两个表演者缓缓走上索道。只见一个人骑着自行车，另一个人则吊在自行车下。走过一段距离后，两人开始表演预先设计好的动作，一会儿用四肢攀缘前行，一会儿坐起来像玩单杠似的连翻几个筋斗。他们的底下是万丈深渊，顶上是开阔的苍天，此情此景，山下顿时掌声四起。

据说，悬崖飞渡表演为雁荡山所独有，为雁荡山"三绝"之一。自古以来，雁荡山的悬崖峭壁上生长着一种稀有的药材——吊兰（学名叫石斛），山民们历来有采吊兰卖钱养家的习惯。20世纪30年代初，有一个和世纪同龄的灵岩人谢正松，是一个善于爬崖跳涧采吊兰的能手。

1934年的一天，有人想欣赏一下他爬崖跳涧的本领，他和几个同伴便做了一场精彩的表演。不久，又在管家的怂恿下，在天柱峰和展旗峰之间拉上粗麻绳，做凌空飞渡表演，这就是第一次悬崖飞渡。后来，想看这种奇特表演的人愈来愈多，就成了一个很受游客欢迎的表演节目。当地还流传着一句"性命交关采吊兰"的俗语，由此可以想象悬崖飞渡的危险性。有记载，1958年的一次表演，因绳子突然断了，表演者从高空跌落，粉身碎骨！如今，表演队已用钢索替代了原来的麻绳，并加固了系钢索的桩子。我不知道，这之后是否增加了安全系数。

望着高空中那两个小小的人影，我的心紧缩着，不由得为他们捏一把汗。以前在观看杂技团的走钢丝表演时，我都担心演员万一有个闪失跌落下来，此刻，我更要为眼前这两个在悬崖表演的飞渡者祈祷：一生平安！

## 龙湫飞瀑凌空舞

我一直以为，奇峰怪石，层峦叠嶂固然气势雄浑，若添有秀水潺潺，定能让这个地方奇妙伟丽，充满灵性。雁荡山，便是这样的一个地方，其水体丰富，动静皆绝，瀑、泉、溪、涧、河、湖等无所不包，有"千条瀑布万条涧"之说，可谓极尽雄、奇、险、秀、幽、美、旷等形象之美。尽管这次，我没有太多的时间观赏三折瀑的一水三态、梅雨潭的如霏如

丝、梯云瀑的一枝分叉、罗带瀑的上下合一、燕尾瀑的二泉分流，却领略了与贵州黄果树瀑布、黄河壶口瀑布、黑龙江吊水楼瀑布并称中国四大瀑布——大龙湫瀑布的飘曳多姿。

当我们穿过清幽的山道，听见"哗哗"的水声时，我想，大龙湫瀑布即在眼前了吧？

"是的，这就是大龙湫瀑布。它落差197米，被称为天下第一瀑。"导游告诉我们，一般的瀑布都是顺山而下，而大龙湫瀑布则是凌空落入潭中，为悬瀑布，所以这条瀑布称"湫"。我是第一次听到关于"湫"的这种解释，回来后查阅《康熙字典》，确实注有："北方呼水池为湫。"又注："悬瀑水曰龙湫。"清代乐清县志编委施元孚亦云："悬水曰瀑布，悬流诡幻者为龙湫。"

抬头仰望，只见大龙湫瀑布宛若巨龙从高耸入云天的连云峰缺口骤然腾下，上截是瀑，下截如牛毛细雨。遇阳光照射，还会出现两条绚丽的彩虹；若在雨季，则瀑猛涨冲泻。如果说贵州黄果树瀑布（宽101米，其中主瀑顶宽83.3米）是因河宽水急尽显波澜壮阔，那么这大龙湫瀑布则以恍若银河倒泻而绮丽空濛。清朝才子袁

枚曾传神描述："龙湫山高势绝天，一线瀑走兜罗锦。五丈以上尚是水，十丈以下全为烟。况复百丈至千丈，水云烟雾难分焉。"

## 云浓雾迷情缠绵

瑞士哲学家亚美尔有句名言："一片风景就是一种心景。"很多时候，幻化无穷的大自然如果注入美丽的爱情故事，那么看似无情无义的山山水水将变得情意绵绵，并让人情不自禁产生丰富的联想。

来之前，朋友告诉我，到了雁荡山，灵峰夜景是一定要看的。明月初上时，我便跟随摩肩擦踵的游客，来到合掌峰。只见白天还是云烟氤氲的合掌峰在夜色朦胧中，忽而变成忧郁的少女，忽而变成一对紧密相依的夫妻，仿佛戴着盔甲的征人在出征前，与心爱的妻子相吻而别。在夫妻峰对面右侧的山冈上，犀牛翘首仰望中天，它对面的金鸡峰，在月下变成了一个牧童，恰如从缝隙探头窥看夫妻相拥，而附近的双笋峰，白天亭亭玉立，此时浑然一体，酷似一个梳髻老妪的半身头像，难为情地把头转向一旁。当地人便把这一景观用民谣串起来："犀牛望月时，情人相见亲，婆婆羞转脸，牧童偷偷看。"

卧龙谷是新版电视连续剧《神雕侠侣》的拍摄景地。当我沿着卧龙谷栈道徐徐前行，来到小龙湫源头，亦为卧龙谷尽头——断肠崖时，眼前好像浮现杨过和小龙女在此沉迷，缘定终身："断肠崖，十六年后在此重会，夫妻情深，勿失信约，珍重万千，务求相聚，小龙女书嘱。"十六年的守候，纵凄凉，又何妨？

山峦云浓雾迷，山谷断涧急流。人世中、山水间还将演绎多少爱恨情仇，我无从知晓。

# 武夷南麓识泰宁

## ——世界地质公园福建泰宁记游

撰文/胡红拴　摄影/刘贤健

　　世界自然遗产、世界地质公园——泰宁：2005年2月11日入选世界地质公园，2010年8月1日列入世界自然遗产。福建泰宁世界地质公园，位于福建省西北的三明市泰宁县，面积有492.5平方公里，其中丹霞地貌面积252.7平方公里。这个地质公园以典型青年期丹霞地貌为主体，兼有火山岩、花岗岩、构造地貌等多种地质遗迹。

　　为了参加第十二届中国科协年会我第一次踏上福建的土地，而福建之行的另一个任务则是绕道闽西北一睹泰宁别样的神采，因为两顶世界级桂冠的加冕和皇帝赐名、朱熹讲学、元戎运筹等一系列的盛名谜底，让这人才辈出的秘地增加了太多的诗意诱惑。

　　说泰宁，是不可以绕过泰宁的悠久历史和发达的人文的。因为公元958年建县的泰宁，素有"汉唐古镇、两宋名城"的美誉，曾有"一门四进士、隔河两状元、一巷九举人"之盛况。在泰宁的历史上，曾出过2位状元、54名进士、101位举人，曾有朱熹、李纲、杨时等历史名人在此读书讲学、著书立说，更有宋哲宗将曲阜孔子阙里府号"泰宁"赐予此地作为县名。盛名之下，曲径的淡淡兰香早已将虚掩着的体腔充满，脑间的意识流似乎也在瞬间触摸到了泰宁林间枝叶上晶莹露珠的阵阵体香。

　　有人说泰宁乃"一脉厚重辉煌的历史"。早在5000多年前，闽越人的祖先就在这里刀耕火种，石刀刻下的五线谱圆了泰宁5000年的音乐之梦；2000多年前，福建历史上第一位有文字记载的君王闽越王无诸在此建立行宫、巡游校猎并长眠于此，史书的碎片让宣纸上的舞者舞出惊煞天地的异彩纷呈；1000多年前，泰宁开始建镇设县，宋朝为闽中之大邑，是福建最早开发的地区之一，中原文化的枝叶在此舒枝展干，使金溪之水汇入中华文明澎湃汹涌的激流；80年前，红军曾三进三出三次解放泰宁，屯兵饮马金溪河畔，让泰宁一度成为当时中国革命的军事指挥中心，中央

苏区东方战线的门户和红军集散地，革命的圣火在此成燎原之势，开始席卷华夏神州。这史册音符的跳动，壮写着泰宁上下五千年熠熠生辉的漫天繁星。

泰宁是"一座古韵犹存的明城"。坐落于城内的国家重点文物保护单位尚书第、世德堂，是江南保存最完好、规模最宏大的明代民居古建筑群落。这里古街、古巷、古井、古民居、古牌坊比比皆是，古风悠远；这里有"一柱插地、不假片瓦"的悬空古刹甘露岩寺，有"天下第一团"的梅林戏，以及原始粗犷的傩舞、灵趣盎然的桥灯等民俗风情，更有书卷气十足的状元名士深山苦读的丹霞岩穴等山野奇景；而中国东南沿海面积最大、种类最齐全、海拔最高、年代最久远、景观最丰富、生态最完好的丹霞地貌群落，则让泰宁丰富神奇的丹霞地质文化，绽放出香远益清的花朵。

有人说泰宁是一方原生野性的山水秘地，我对此评价深信不疑，相信初识泰宁和熟读泰宁的人都会有此感觉，不说别的，单那成片的佳山秀水，单那奇绝的丹霞地貌，已足以醉倒天下看客，而那"碧水丹山大观园"、"峡谷洞穴博物馆"，则会以浑厚无比的交响之声，涤尽滚滚红尘沾染下的点滴埃尘。在泰宁境内，以丹霞地貌为主体的世界自然遗产和世界地质公园面积约492平方公里，其中丹霞地貌面积252平方公里，它们以石辋、大金湖、八仙崖、金饶山四个园区为核心，以典型青年期丹霞地貌为主体，兼有火山岩、花岗岩、构造地貌等多种地质遗迹交相辉映，在泰宁古城厚重历史的烘托下，湖、溪、潭、瀑，跌宕起伏；山岩奇洞，异彩纷呈，

铸造出泰宁独具特色的山川之气,"涂抹"出泰宁锦绣的山水奇景。这里天地交融创造出魔幻的神秘世界,这里用如椽大笔撰写出泰宁自然之大美,更用那别具一格的"文体"复述着古人"海之内外佳山水,到此难容再作声"的朗朗诗声。

还是先"浏览"一下泰宁早已闻名国内外的经典景区大金湖吧。大金湖地处武夷山脉东南侧泰宁县的南部,是由距今约 6500 万年晚白垩纪形成的红色陆相碎屑沉积岩所组成。它位于泰宁县城西南面。东北以南溪、杰色为界,西南以金龙山——猫儿山南北向断裂为邻,西北侧紧靠南溪——寨下北东向断裂,东南"步止"到乌石坑向南西至水际瀑布、甘露岩寺、风洞,后转向南经雄柱峰、黄石寨东侧一线。这偌大的区域总体上由北东转向南北向展布,是一个地质学上被称为受北东向和南北向断裂控制形成的"人"字形断陷盆地。这由崇安组紫红色碎屑岩组成的断陷盆地面积达 67 平方公里。而这狭小的地域,却让大自然的妙笔描绘出如画江山来。

乘舟沿月牙形的大金湖翩然南下,沿途可以看到丹霞地貌众多的丽质佳色,更可欣赏地质构造运动这位古老的神圣"涂抹出"的鬼斧神工、遗世独立、蔚为壮观的碧水丹山画卷。那甘露岩寺,那一线天景,那翠落玉盘般的水天山色,那风情浓浓的洞穴文化,是丝,是线,穿串着泰宁锦绣江山的处处美景,弹拨着游客心间愉悦的心弦。据说,在全球已发现的 650 多处丹霞地貌中,大金湖多姿多彩的人文景观熔融在发育典型、类型齐全,造型奇特的丹霞地貌的"浩气"之中,畅通的"气

血"让泰宁神奇灵秀的水上丹霞、深邃幽静的峡谷曲流、种类齐全的丹霞洞穴、千姿百态的峰林峰柱和雄奇峻伟的花岗岩石蛋地貌，融会于碧湖、翠林、岩寺、古迹

之内，独秀在东南这方温润的土地。难怪著名地质学家赵逊教授会对大金湖地质公园情有独钟，会欣然写下"丹霞六百五，独恋大金湖"了。

说了这么多，还只是略数了一些泰宁的"轮廓"美，我想，"镜下"的近观会有更多的收获。我们还是沿寨下大裂谷领略一下泰宁的大美吧。

寨下大裂谷以谷口的寨下村而得名。古老的寨下小村，地形整体呈葫芦状，口小腹大，坐落在猛犸岩山顶上的古兵寨——大石寨下，这可能就是寨下村名称的源头。寨下村是一个家族式的村落，全村现有150余人，全部姓杨，据说还是杨家将中杨七郎的后裔。南宋时杨姓家族南迁入闽，后几经辗转，来到了寨下村定居了下来。也许是将军遗传基因的缘故，寨下村的祖先所选的祖居地猛犸岩确实威武雄猛，独石成山的猛犸岩犹如新生代第四纪时期的猛犸大象欢迎着我们这些"后生""妹仔"。

沿着寨下村葫芦状的村居漫步，行走在"S"形的溪水畔，品味着"结庐在人境，心远地自偏……"的诗句，心境的净化早已植入心扉。

穿过寨下村的风水口，走过一片古木参天的风水林，赏读着千年柳杉落下的阴凉，跨越着高大的米槠构成的"树门"，金龙谷内竹林深处的铺木小道，播撒着宁静和幽雅的气味。这条竹林小道，曾是千余年间莘莘学子通往功名之路，他们步行百里，不畏艰辛，背负斗米，到前方的读书山潜心苦读；他们遗留的文化馨香，也许是如今这棵棵高昂头颅的修竹之气节，传承着泰宁文化的源流。

三条首尾相连的峡谷书写着金龙谷的雄峻和清幽。而首道门槛的悬天峡则如刚刚滑落下红盖头的新妇，用蒙娜丽莎般的微笑喜迎着我们的到来。

南北走向的悬天峡全长约2公里，宽约2～3米，崖壁高约70～150米。突兀的赤壁与苍天连在一起，犹如苍天悬挂在边际。而风雨中的行进线路，却如一个天然的水帘洞，那水声物像，那滴翠青枝，那妩媚花卉，更是撩拨着路人用意象涂抹下心中的江南墨彩。

悬天峡外，当是优美的五线谷（线谷）了。

这五条地质学上称为"线谷"的岩隙线谷，基本为北西走向的垂直裂隙。这些

在地壳抬升后让流水沿节理、裂隙下切后的化茧成蝶，成就了如今上宽下窄被称为"一线天"的"V"型线谷。五条掩映在碧树绿草之中的线谷徘徊在寨下的时空里，幽深的"眼神"渴盼着岁月老人"泪水"的"曲流切割"，渴盼着那"一朝"的"腾跃"化为峡谷间"博大的心胸"。至此，我忽然想起先师圣人那"逝者如斯夫"的至理名言，想象着随物赋形的"水"这个神奇的天然雕塑师的博大和无畏，那"水滴石穿"的刻刀，不知不觉间已雕刻下无数的奇观佳作，也为人间留下一个个大美的诗篇。一时间心中的空灵似乎添加了许多。

随着脚下石板道发出的声响，视觉的位移让兴奋的瞳孔装填进太多的精彩物象。凌空直立的天穿岩，当是这物象中的华美乐章。这里有一巨大岩穴，岩穴上布满千疮百孔的洞穴，如繁星点点布满整个崖壁，那奇形异状，拨弄着看客思维的意识行走在天马行空的汪洋里。

地质学家面对着神奇的"洞穴博物馆"对其形成机理有过这样准确的解析，他们说不均匀的垂直水流受表面张力及沙砾岩孔隙的吸附作用，在沿崖壁自上而下呈扇形流淌、浸润、冲蚀过程中，崖壁的软岩层湿胀干缩，产生片状风化剥落，崖壁逐渐被侵蚀内凹，从而形成自洞顶向崖壁呈圆弧形内凹的穿窿状洞穴。这穿窿状洞穴就是套叠状洞穴的典型代表。在这里，洞穴可谓五花八门，洞套着洞，洞叠着洞，洞连着洞，洞穿着洞，它们洞洞相连；它们惺惺相惜。这"千"年的神话，在此又演绎出奇幻的佳境。

作为泰宁一个浓缩境地的寨下大裂谷有太多需要讲述的奇景，这里有通往金湖甘露岩寺的"密道";这里有修竹成林,溪水潺潺的"水竹苑";这里有"天崩、地裂"的通天峡,也有风景秀丽的堰塞湖幻境雁栖湖。

我熟读过马致远的"枯藤老树",翻看过无数古人意象中体味过的"古道西风",但面对跨过湖岸旁崖壁上的千年古藤,面对着地质学上的"生物风化",根劈的力量,鬼斧之妙笔,让天书崖久远的钟鼎文图,幻化成天籁绝世的音响。

好了,限于篇幅我们还是听听联合国教科文组织专家的声音吧,他们在实地考察过泰宁后,经典的一句话就是:"无论从地质景观还是生态环境,这里都是世界级的"。

是的,我们不会忘记。

# 追溯远古　水造黄龙

## ——世界自然遗产之"黄龙风景区"

撰文/梁攀峰　摄影/吴卫平

　　**世界自然遗产——黄龙**：1992 年 12 月列入世界自然遗产。黄龙位于四川省北部阿坝藏族羌族自治州松潘县境内的岷山山脉南段，属青藏高原东部边缘向四川盆地的过渡地带。最高峰岷山主峰雪宝峰海拔 5588 米，终年积雪，是中国存有现代冰川的最东点。总面积 700 平方千米，外围保护地带面积为 640 平方千米。黄龙以彩池、雪山、峡谷、森林"四绝"著称于世。巨型的地表钙华坡谷，蜿蜒于天然林海和石山冰峰之间，宛若金色"巨龙"腾游天地。自然景观犷中有精，静中有动，雄中有秀，野中有文，构成奇、峻、雄、野的景观特点，享有世界奇观、人间瑶池之誉。

　　领略大自然的神奇妙趣，欣赏天地间的色彩斑斓，得去黄龙看看。黄龙壮观的山岳、险绝的峡谷、无边的森林、奇丽的草原及罕见的动植物，还有那别样的民族风情，足以让人流连忘返、醉煞眼眸。在黄龙，饕餮如此之多视觉盛宴的同时，那仿佛来自远古的幽静与灵光笼罩的钙华奇观让我深深地记住了。

　　黄龙风景区，位于四川省北部阿坝藏族羌族自治州松潘县境内方圆不足百里的地方。其地名因当地古寺庙黄龙寺而得名。据《松潘县志》载："黄龙寺，明兵马使马朝觐建，亦名雪山寺，相传黄龙真人养道于此。"

　　从川主寺到黄龙一路走来，丛林漠漠，渺无人烟，眼中尽现着各种奇异的树木，高高低低，名目繁多，让人应接不暇。实际上，黄龙的神秘、美丽就深藏在这原生态的森林里。如果你徒步行走，或许能看到北方人梦寐以求而难得观瞻的冰川地貌。

　　进入黄龙风景区，首先看到的是大小有别、巧夺天工、水质清澈的"迎宾池"。水池形状各异，或形若残月，或状如穹窿，或貌似团扇；池与池间，这边平铺衔接，那边层错有致；而色彩更是渐变不同，若春之绿浪，似秋之稻田。池之四周环山，林木葱茏，偶见野花绽放，蜂追蝶舞。纵观使人眼花缭乱，美不胜收。

　　告别迎宾池，自北向南，沿曲折的栈道蜿蜒而上，于坡谷处但见数层猛水冲破密林，在岩坎上飞流而下，状成梯形瀑布。这瀑布如水帘高挂，舒展飘逸，遍发银光，似珍珠滑落，与其后金黄色马肺状或片状钙华掩映成趣，经阳光照耀，远望如落霞景致，分外妖娆夺目，被称"飞瀑流辉"。

　　攀上黄龙第二台阶，便至古代冰川的一个出水口，当地人称"洗身洞"。传说是仙人净身的地方，实则为一溶洞。洞内布满各色钟乳石，洞口水帘清凉自碧，瀑流不息。

行至"金沙铺地"，但见水浪漫坡跃行，遇一脊状斜坡遂成翻飞状，颇为灵动自然。水下层层金黄色钙华，经水波倒影，淡淡浮光中，好似大片的"鳞甲"随流水荡漾。这"鳞甲"区域最宽的地方约120余米，最窄处约40米。据地质学家认定：金沙铺地是世界上状态最好、面积最大、距离最长、色彩最丰富的地表钙华滩流。

"盆景池"在金沙铺地左侧，由近百个水池组成，"池中有池，池外套池"，蔚为壮观。池堤隆起，若盘龙信步游走，形状随地势而变；池底呈黄、白、褐、灰多种颜色呈现；而池旁池中，随处以木石花草点缀，远远望去如多面色彩大相径庭的镜面缝合衔接，俨然天设地造的奇特盆景，让园艺大师们亦自叹弗如。

步入"争艳池"景地，见那池水深浅不同，周围各色树木倒映其中，五颜六色，争艳媲美，风姿各领。此处面积2万余平方米，由658个彩池组成，是目前世界上景象最壮观、色彩最丰富的露天钙华彩池群。

走过"争艳池"，你若不惜回眸，但见身后那座陡立的山梁，恍惚间化作一位亭亭玉立的藏族少女，静卧在林海之上，遂被当地人形容为"睡美人"。她静静地躺下，头、胸、腹及腰身自是惟妙惟肖，身着藏族绿色长裙，气质不入媚俗，貌似仙女下凡人间。

行踪至"黄龙洞"，一改先前那沿途的静谧，顿时热闹非凡。洞中展厅内陈列有建于明朝的三尊坐佛。坐佛形态庄严，身披钙华结晶体，在洞中遍布钟乳石如冰林、冰笋、冰幔、冰瀑的映衬下，显得极为壮观，为自然与人工完美契合的产物。据导游讲：在此处"真人"、"佛"合二为一，是探求宗教奥妙的罕见"珍品"。洞中展厅颇具规模，高30米、宽20米、长50米，面积千余平方米，洞深机理至今没有最为科学的考证。

"黄龙寺"实与黄龙洞紧密相连，距离颇近，位置上难分彼此。黄龙寺原有前、中、

后三寺庙，前寺现仅存遗址。黄龙中寺建筑占地约 700 平方米，为单檐歇山式造型，气势雄浑壮观，隶属佛教寺庙，原有五殿，分别为大佛殿、观音殿、灵官殿、弥勒殿、天王殿，现仅存观音殿及十八罗汉塑像。黄龙后寺距中寺约 2.5 公里，亦为明代马朝觐所建。寺门上彩绘巨龙，状若腾云驾雾；门上古匾书曰"黄龙古寺"，书法气势雄浑。此处庙宇依山傍水，风格独具，大有"画栋朝飞南浦云，竹帘幕卷西山雨"之神韵。

离开人声鼎沸的黄龙古寺，举目南望，但见群山苍翠起伏，密林织织，若立森堡之中。最是那玉嶂参天的雪宝顶和玉翠峰，让人铭刻于心。据称，雪宝顶上有发育清晰的冰川地貌，其角峰刃脊在阳光映照下险幻无比。在这样的背景下，欣赏"人间瑶池"之称的"五彩池"，探寻绿荫下地下泉水汇成的"转花池"，那源于大自然的神采与奥秘，会给你醍醐灌顶的感悟。

出了转花池景地，黄龙沟的壮丽景色尽收胸中。那美轮美奂的人间仙境真让人流连忘返。简要总结，不难见出黄龙风景区的迷人之处，除与这里的群山、密林、生物及名胜古迹有关外，其关键的，或者说深度的美学价值，要归属于这里的钙华地貌及灵动的水流。既然如此，让我们从地学文化的角度深入探究一番，到底会有怎样的发现呢？

首先，追溯到地层史之远古时代，或者更为久远一些。黄龙属昆仑秦岭地层区，西秦岭分区，摩天岭小区，上古生界、中生界及新生界第四系地层发育较全。志留系、泥盆系、石炭系、二叠系以碳酸盐沉积为主，厚度达 4000 米以上；三叠系为碎屑岩沉积，厚度达万米；第四系为冰川沉积和钙华沉积。钙华沉积显然就是我们所流连忘返的黄龙主要景致；冰川沉积，如果你徒步攀登一番黄龙沟中雪宝顶山，自然不难觅到其痕迹，这两点自是毋庸置疑。而钙华沉积与其他类型的沉积有着怎样的必然联系呢？显然，其巨厚的碳酸盐沉积为近地表的钙华沉积提供了丰富的物质来源。至于第四系冰川沉积与三叠系碎屑岩沉积，依据钙华沉积的强大规模，并无此种机理上的可能。

其次，让我们深入研究黄龙地质构造的特征，不难发现黄龙位于杨子准台地、松潘—甘孜褶皱系与秦岭地槽褶皱系 3 个大地构造单元的结合部位。空间位置的过渡状态，致使区内断裂极为发育，构造运动较为频繁。黄龙沟以北，黄龙乡以西的区域被定为地震崩塌区亦是最为有力的旁证。这便为碳酸盐矿物上升至地表，最终形成钙华沉积提供了为数不少的"通道"，或许那些来自远古的碳酸盐岩地层，经过漫长的地质构造作用，有部分已然

裸露于地表。

最后，在存在物质运送通道的前提下，让我们再来着眼物质运送的载体。当然，这载体不外乎地质构造作用及富含碳酸盐矿物土质的可能。而更充分的理由在于，黄龙属涪江水系。涪江源于雪山梁，向东北偏南而流，纳入草弯沟、大弯沟、龙滴水等支流，于扇子洞出境，构成完整典型的树枝状涪江源水系。致使区内地下水极为发育，丰富的碳酸盐喀斯特裂隙水，是钙华沉积的重要物质载体，是唯一的物质来源。

对美丽的黄龙经过一番地学领域的探讨，发现此地的钙华沉积与其久远的地质特征关系密切，或为遑论，却是对这个天下奇观一种别样的认识。无论如何，黄龙景观的成因最后还是要归功于水源的作用，从这个角度讲，黄龙无疑为水造的奇美世界。

# 九寨仙境　人间童话

## ——世界自然遗产之"九寨沟"

撰文/梁攀峰　摄影/吴卫平

　　**世界自然遗产——九寨沟**：1992 年 12 月列入世界自然遗产。九寨沟位于四川省阿坝藏族羌族自治州九寨沟县境内，是白水沟上游白河的支沟，以有九个藏族村寨（所以又称何药九寨）而得名。九寨沟海拔在 2000 米以上，遍布原始森林，沟内分布 108 个湖泊，有"童话世界"之誉；九寨沟为全国重点风景名胜区，并被列入世界遗产名录。

　　钢筋水泥的喧嚣，渐渐逼退生命的颜色，那就到九寨沟一游。九寨沟被当地藏民尊为神山圣水，足以给你回归自然，返璞归真的感觉。那里近水多彩悠悠，绿树红花环绕；而远山白雪皑皑，蓝天白云笼罩，绚丽与雄奇并存，加之瀑布缓缓急急，又不乏草原风光，耳畔偶闻鸟鸣兽吼，仿佛步入人间仙境；随着季节、光照、环境的变化，自会呈现出不同的韵致，无不使人如醉如痴，流连忘返。

　　九寨沟位于四川省阿坝藏族羌族自治州九寨沟县境内，以有九个藏族村寨而得名。这九个寨子又称为"何药九寨"，分别为盘信寨、尖盘寨、彭布寨、则查注寨、黑角寨、盘那亚寨、故洼寨、荷叶寨、树正寨。其藏胞的语言、服饰和习俗，与四邻的藏胞有着明显的差异。据考证，他们的祖先属阿尼卿山脚下的一个强悍的部落，随松赞干布东征松州时留在了白水江畔。《唐书吐蕃传》中记载：唐初吐蕃东征时，松赞干布以勇悍善战的河曲部为先锋，一举占领松州，之后部分人马被留在了弓杠岭下。他们将原河曲的俄洛女神山的传说带到了九寨沟内。

　　九寨沟遍布森林，分布108个湖泊，有"童话世界"之誉；按其规模、景致、形态、布局、环境等指标综合鉴定，这里的水景堪称"中国胜水之冠"。

　　从黄龙到九寨沟，途径川主寺、弓嘎岭、嶂扎镇，由东向西，及南至北，行程200余里，一路人烟稀稀，尽现原始森林，能够感到一种非常久远的宁静。九寨沟就典藏于黄龙至嶂扎镇之间的深山密林中，从地理位置角度讲当属人迹罕至

之处。纵然由南向北一路奔袭而来，要观其全貌，还得自九寨沟口及北至南开始。九寨沟总体由扎如沟、树正沟、日则沟及则查哇沟四大沟谷组成，大致呈树枝状，南中部似"Y"形近南北向展布。彭布寨、盘信寨、盘那亚寨、尖盘寨、故洼寨等位于九寨沟口西南一带，黑角寨位于扎如沟，树正寨、荷叶寨位于树正沟，则查哇寨位于则查哇沟。日则沟与则查哇沟当属九寨沟南端，其间为著名的沃洛色漠神山。

自九寨沟口行进不远，便至扎如沟口，忽见一巨石崖兀立面前。石崖状若屏风，表面平整如镜，雄伟无比，威严无比。这便是宝镜崖，也称为魔鬼崖。相传这块石崖是九寨沟的万山之主扎依扎嘎所竖立的一面宝镜，具有镇压魔鬼之效用。

扎如沟乃是人文游览线，可观赏藏家的田园风光，还可领略到藏族的宗教民俗风情。走过溪流上横卧的扎如桥，踏上扎如马道，可见扎如寺就沐浴在微风里，显得尤为庄严肃穆。寺内藏有大量的佛经、佛像及唐卡等，常公开举行宗教活动，是喇嘛念经、修炼密宗及信徒拜佛礼佛之所。在主殿外一圈围廊上面安置着许多转经筒。来到这里的信徒都会沿着围廊用左手拨动转经筒，口中念念有词，为自己、家人，也为这里的山山水水、一草一木祈福。他们虔诚的样子，就像朝拜他们的扎依扎嘎神山一样。

九寨沟的藏民信仰的多为苯波教，苯波教又名苯教，是最早传入藏区的原始宗教。

当你领略了扎如沟中黑角寨的田园特色，来到树正沟将会看到完全不同的民俗及景致。

树正沟是九寨沟风景区一条最主要的旅游线路。从沟口起到沟尾诺日朗，全长20余里。

由沟口乘搭旅游车行走五公里长的柏油路，直通荷叶寨。寨口有一棵百年古松，苍劲挺拔，被命名为迎客松。这里是九个藏族村寨中最大的一个，建有一片藏族风

格的旅馆，以田野风光著称，秋色随处可见，格外迷人。

走过荷叶寨一路前行，看那盆景滩布满白杨、杜鹃、松柏、柳树的风姿绰约，碧莹水色；看那半沼泽形态芦苇海的成片芦苇，如黄金盘上的一道翡翠，随水蜿蜒流过；看那双龙海中两条生物钙华礁堤，像藏于海底的两条蛟龙，随时要腾空而起，飞入苍穹；看那火花海掩映在重重翠绿之中，像是一块晶莹剔透的翡翠，在晨曦初照中，闪烁出的朵朵火花；再看那小巧玲珑的卧龙海底乳黄色的碳酸钙沉淀物，就像是一条沉卧水中栩栩如生的巨龙，我们一路赞叹不绝，不经意间那让人更为惊讶的树正群海猛地展现在了面前。

树正群海前后连绵数里，柏、松、杉等树木密布于周围，由二三十个大小海子呈梯田状相连而成。湖水自上游翻堤而过，跌落在下一层的海面形成叠瀑。这一道道的叠瀑与激流串起树正海中的各个海子，高低层次、色彩分明，绿树、蓝海、叠瀑相得益彰，动静结合，尤其是那绿中套蓝的色彩最为动人。而一道长长的栈桥横跨浅滩，旁有充满藏族格调的磨坊、转经房，虔诚的藏民常常来此拜神转经。

群海赏罢不及途中回味，已至闻名遐迩的树正寨了。寨前有一座金黄色的佛塔，是藏民拜神念经的场所；寨中到处飘扬着具有藏族特色的经幡；寨后就是九寨沟藏民最崇拜的神山达戈男神山，海拔达 4200 米。在九寨沟人的心目中，树正沟的达戈男神山和日则沟的沃洛色嫫女神山是至高无上的神灵。达戈神山位于九寨沟西北面，色嫫神山位于东南面，两山遥遥相对，传说二者本是九寨沟的一对恋人。一次，达戈用风月磨成一面宝镜送给心爱的女神色嫫。不料魔鬼插足，女神不慎打碎宝镜，宝镜的碎片散落人间，变成了百个晶莹的海子，像宝石一样镶嵌在山谷幽林之中。从此，人间便有了这梦幻仙境九寨沟。

离开树正寨继续南行，听着藏族老喇嘛欣遇犀牛海的传说，看着那北岸尽头生意盎然的芦苇丛，南岸出口醉人的树林、银瀑，不禁对犀牛海的这一片水光山色产生了一种莫名的敬畏之情。等走过一座栈桥，乘搭旅游车沿东南行走不及 5 里路，便至知名的诺日朗瀑布。抬头愿望，那神奇的沃洛色嫫神山尽现视野之中。

诺日朗瀑布基本处于日则沟与则查哇沟交汇部位，其西便是有名的镜海。诺日朗瀑布落差 20 米，宽达 300 米，为九寨沟众多瀑布中最宽阔者。藏语中"诺日朗"意指男神，亦有伟岸高大之意。瀑顶平整如台，滔滔水流直泻而下，声震山谷；南端水势尤为浩大，直通霄汉，溅起水雾濛濛；对面设一座观景台，瀑布全景尽收眼底。阳光下，瀑布若九天银河，画面极为波澜壮阔。

领略了瀑布的壮观，在游览镜海之前，最好在就近的宾馆住宿休息，等养足精神，进行下一程日则沟的游览将是最好的选择。夜色中九寨沟，树声幽冥，月落镜湖，这是一种别样的静谧；抬头远望，山风吹过，一片神化的朦胧景致，给你一次莫可名状的自然体会。

翌日来到镜海或珍珠滩，日则沟的风光游览便真正开始了。沿环山公路行进，但见山谷空旷，草木丛生，一缕清泉自中央蜿蜒滑过；两侧乃雄伟挺拔的山峰，秋色染林，绛红、暗紫、墨绿、鹅黄等等，不一而足。镜海就坐落在空谷下游，呈古船形，二里余长，为林所围。它貌似古镜，映照如许美景不留毫发，其上几座藏居若画中世外桃源。九寨沟的宾客，莫不为此倒影而叹为观止。

行至珍珠滩瀑布，在激流的陪伴下踩着栈道继续前进，就到了珍珠滩。这里的斜滩更为凹凸不平，坡度更大，激流跳跃之象，自然更为壮观。浅滩上坑洞遍布，激流撞击而下，溅起朵朵水花，阳光下就像是珍珠洒落。激流在这片宽度约160米的斜滩前行数百米，在那悬崖尽头跌落于深谷之中，遂成雄伟壮观的珍珠滩瀑布。

由珍珠滩沿幽林栈道，穿越幽林，便至五花海。有"九寨沟一绝"和"九寨精华"之誉的五花海，位于日则沟孔雀河上游的尽头。五花海北岸，乃其出水口与孔雀河道的交接点，此处建一栈桥。桥南的湖面，墨绿、宝蓝、翠黄之色交织，似孔雀彩翅；桥北的河湾状如孔雀头颈，其旁立有三株古树酷似孔雀顶上花翎，观瞻全貌乃称孔雀河道。孔雀河道东南之处，即是五花海的最高点，这里有一巨石，称为老虎石。立足老虎石上俯视五花海全貌，但见四周的山坡笼罩在一片绚丽的秋色中；钙质池水，与不同水生植物，在阳光下幻化出缤纷色彩，湛蓝、墨绿、翠黄，色彩斑斓，其美尤妙。九寨人说：五花海是神池，它的水洒向哪儿，哪儿就花繁林茂，美丽富饶。

离开五花海，赏罢熊猫海瀑布，可在栈道旁的亭台中观景休憩。这里的栈道、亭台颇具山林乡野的风韵，

仿佛一条朴素的丝线，把道道美景串成了一根光彩夺目的项链。整个栈道，或石块铺地，或栈桥凌空，朴素淡雅又蜿蜒多姿，虽附丽于天然景观，而又能相得益彰，亦为九寨沟的一大奇观。走在清幽的栈道上，从箭竹海、熊猫海、鹰爪洞、天鹅海，一直到芳草海，你只要凭栏而望，未必要步入景点之中，以此道具索引的景色同样美轮美奂，层出不穷。

只是那剑岩悬泉你不得不就近看看，其岩下有一股泉水自半山腰处垂直泻落，如白练悬空，沿着山岩直直地飘洒而下，高度达130多米，人称悬泉。自其底端向上观望，能够感到一种别样的刺激和惊险。这直泻而下的泉水，传说是女神色嫫寻找男神达戈时落下的相思泪水。

感动于神话传说的同时，等感受了日则沟最尽头原始森林那深厚柔软的苔藓落叶、芬芳潮湿的空气、松涛与鸟语，身上顿时有种超凡脱俗的感觉。而此刻日则沟的观光也将告一段落。如果你游兴未尽，抑或你是位旅游资源研究者，不妨去则查哇沟继续游历一番。

则查哇沟风景，由北往南分布的景观分别为则查哇村寨、下季节海、上季节海、五彩池、长海等。其中，长海坐落在则查哇沟的尽头，海拔3100多米，宽约600米，湖水最深处达百余米，是九寨沟湖面最宽阔、湖水最深的海子。欣赏长海可由入口的一条左岔路进入，转到长海的侧面观赏。在这里但见巨松挺拔，满目碧绿，彩叶成林。长海四周绝无出水口，水源来自高山融雪。让人称奇的是，它从不曾干涸，也不曾溢堤，难怪当地藏民称之为"装不满，漏不干"的宝葫芦。据说长海的冬天，湖面结冰，是一个银色的童话世界。

出了则查哇沟，整个九寨沟的景观便是了然于胸，而于此带给我们的思考定是深沉复杂的。九寨沟无疑是大自然的杰作，甚至堪称人类风景美学法则的最高境界。

为什么诸多之美会集九寨沟于一体呢，不妨敲开地学的大门探究一番。

一是从山系地貌的角度来看，九寨沟一带地处青藏高原东南边缘的尕尔纳山峰北麓，海拔4000~4800米的山地占总面积的28%，亦不乏第四纪冰川遗迹。由于山地切割较深，高低悬殊，植物垂直分布明显，雪峰高耸可与青山密林并存；且有高等植物2000余种，低等植物400多种；还有

17种珍稀动物。

二是从地层、构造特征的角度来看，九寨沟地处青藏高原向四川盆地过渡地带，地质构造复杂，褶皱断裂发育、地下水极为丰富，碳酸盐岩分布广，加之新构造运动强烈，地壳抬升幅度大，多种应力交错复合，造就了多种多样的地貌。导致九寨沟沟口海拔 2000 米，至主沟顶部长湖和草湖海拔逐

渐升高到 3000 米左右，由低到高，由简到繁，湖、瀑、滩、泉，一应俱全，加之钙华沉积，四周倒影，引起水体色彩多元变化，异彩纷呈，给人留下难以忘怀的审美感受。

三是从气候、节气的角度来看，九寨沟莽莽林海，随季节变化，呈现出不同的瑰丽色彩。据相关资料：九寨沟初春山山丛林，红、黄、紫、白各色点缀其间，繁花似锦。盛夏是集新绿、翠绿、浓绿、黛绿等绿色的海洋，显出旺盛的生命力。深秋的色彩又深浅相间，错落有致，万山红遍，层林尽染，在暖色调的衬托下，蓝天、白云、雪峰、彩林倒映于湖中，呈现出光怪陆离的水景。入冬，白雪皑皑，冰瀑、冰幔晶莹洁白，茫茫林海似像置于白色瓷盘中的蓝宝石，更加璀璨。

综以上诸多因素，致使九寨沟的异水奇山，立体交叉，四维渗透，多端呼应，融色美、形美、声美于一体，和点缀其间的古老的村寨、栈桥、亭台、磨房，组成了一个内涵丰富和谐统一的奇美环境，如人间仙境，似童话世界。其总体美可谓"自然的美、美的自然"，并体现了高度的综合美。使人在视觉、听觉、感觉协调一体的条件下，沉醉在最高的美的享受里。

# 从叠层岩到大熊猫

## ——话说四川大熊猫栖息地

撰文/胡红拴　摄影/吴卫平等

**世界自然遗产——四川大熊猫栖息地**：2006年7月12日列入世界自然遗产。四川大熊猫栖息地位于中国四川省境内，包括卧龙、四姑娘山和夹金山脉，面积9245平方公里，地跨成都市、雅安市、阿坝藏族羌族自治州、甘孜藏族自治州四个地级行政区的12个县或县级市。栖息地拥有丰富的植被种类，是全球最大最完整的大熊猫栖息地。全球30%以上的野生大熊猫栖息于此。另外，这里亦是小熊猫、雪豹及云豹等濒危物种栖息的地方。值得一提的是，该地区的环境与第三纪的热带雨林相似。

 

为参加女儿的研究生毕业典礼，又一次踏上澳洲的土地。由于有了女儿英语语言后盾的支持，我力主家人将旅行线路定在澳洲西部那片苍茫的原野。而鲨鱼湾世界自然遗产地，则是这次旅行的最终目的地。在西澳大利亚州珊瑚海岸的鲨鱼湾，尽管有那么多的奇景异彩；有那么多的鲨鱼称雄，海豚欢歌；有那么多一眼望不到边的贝壳海滩，但最中意的还是哈马林池的叠层岩——一种地球上最古老的生命形式。

说叠层岩是地球上最古老的生命形式，是有根据的。因为，它们是35亿年生命的代表形式。为了搞懂此点，我专门翻查了相关的资料，最终将赤裸的叠层岩摆上了这架艺术的展台。

如果我们将历史的镜头回放，我们将看到在35亿年前，地球不声不响地孕育出叠层岩这个精灵的过程，看到叠层岩（Stromatolite）在浅层的海水里"破土而出"那美妙的"一瞬"。所谓"叠层岩"，是中、上元古界地质历史时期，遗留至今的最低等的古生物，如同古生物藻类和三叶虫等古老生物，所以被地质界称为"人类的地质瑰宝"。叠层岩因纵剖面呈向上凸起的弧形或锥形叠层状，如扣放的一叠碗，故而得名。还别小看这个不起眼的小精灵，就是它"清脆"的"一个小小的动作"，却让世界发生了翻天覆地的变化。

让我们打开叠层岩绚丽的肌肤以窥知其组织内部的奥秘吧，在其组织内部有颜色深层的砂，也有比较淡的一层可行光合作用。在漫长的地质时期，叠层岩就这样慢慢的一点一滴从海水中释放着小气泡，释放着我们赖以为生的氧气。在初期的世界中，总共花了20亿年的时间使得氧气的量达到目前大气层的标准。而当氧气量足够时，世界在瞬间开始改变，新的细胞出现并进一步进化，从此翻开地球生命史崭新的一页。在这页码上，我似乎看到古老的三叶虫和鱼类，看到恐龙、大熊猫和人类进化的脚步。如此神奇的精灵，如此"鹤发童颜"的地球老者，自然让我惊讶的眼神于瞬间转换，凝重的崇敬之情油然而生。

站在世界上最古老最伟大的活化石哈马林池的叠层岩旁，站在异国他乡的土地上，看着叠层岩光怪陆离的神姿，看着他乡呈现的"地球表述"，脑海的电流自然让我想起故乡的"奇珍"，想起自家的国宝，心中的镜头也就自动地转向调焦，对准了祖国西南那片神奇的土地，对准了离我们更近的活化石大熊猫的故乡。

我还是说说家乡的大熊猫吧。大熊猫是一种有着独特黑白相间毛色的活泼动物，以箭竹为食。自1869年法国传教士戴维在四川省雅安发现大熊猫以来，百余年的风雨，也让大熊猫从"哀痛"走向光明。大熊猫的祖先是始熊猫——一种由拟熊类演变而成的以食肉为主的最早的熊猫，它的出现距今约有300万年。在距今50万～70万年的更新世中、晚

期是大熊猫的鼎盛时期。大熊猫的栖息地曾覆盖了中国东部和南部的大部分地区，北达北京，南至缅甸南部和越南北部。其化石通常在海拔 500 ~ 700 米的温带或亚热带森林发现。后来，随着大地翻天覆地的变化，同期的动物相继灭绝，大熊猫却独善其身，孑遗至今，并保持着"传统"，保持着它原有的古老特征，这难得的"操守"当然让人崇敬，被誉为"活化石"，中国更把它誉为"国宝"，推崇备至。如今大熊猫分布范围已十分狭窄，仅限于中国的秦岭南坡、岷山、邛崃山、大小相岭和凉山局部地区。由于近几百年来中国人口激增和占用土地的增加，大熊猫只好"游击"起来，从曾经生活的低山河谷转移到了竹子仍可以生长的海拔 1200 ~ 3400 米之间的山地。

四川等地的大熊猫栖息地所处的中国西南青藏高原东部边缘的温带森林，竹子是这里主要的林下植物。我国长江上游向青藏高原过渡的这一系列高山深谷地带，高大的秦岭阻挡着"北风的呼啸"，而东南季风的迎风面，更让其气候温凉潮湿，这常在 80 度以上的湿度，当然让喜湿性的动物大熊猫欢喜异常，流连忘返，安营扎寨了。它们活动的区域多在坳沟、山腹洼地、河谷阶地，一般在 20° 以下的缓坡地形活动。这些地方土质肥厚，森林茂盛，箭竹生长良好，构成为一个气温相对较为稳定、隐蔽条件良好、食物资源和水源都很丰富的优良食物基地。

想着四川，想着四川等地的大熊猫栖息地，想着那憨态可掬可爱的大熊猫，笑的符号自然就跳动在面肌的神经末梢了。

# 兴文石海

撰文／刘扬正　摄影／赵洪山

　　世界地质公园——四川兴文：2005年2月11日入选世界地质公园。四川兴文世界地质公园位于四川省宜宾市兴文县境内，地处四川盆地南部与云贵高原过渡带，公园内洞穴纵横交错，天坑星罗棋布，石林形态多姿，峡谷雄伟壮观，瀑布灵秀飘逸，湖泊碧波荡漾，自然景观优美，各类天然的自然景观与独特的僰族、苗族文化共同构成了一幅完美的自然山水画卷。公园由以下园区构成，分别是兴文石海园区、僰王山园区（是中国名副其实的西南九寨沟）、太安石林园区、凌霄山园区和大坝鲵源风光园区，总面积约156平方公里。兴文石海园区位于兴文县城南25公里的石林镇，是兴文世界地质公园的主要园区之一。园区主要景点有：大规模地表石海、天下第一的大漏斗（全世界最大的死火山口，坑口直径比目前公认的位于美国的世界第一死火山口大3倍以上，该漏斗从上至下分为九层，有溶洞、有暗河，身在其中如入仙境）、中国游览里程最长的溶洞以及各类天坑（火山口）群。该园区喀斯特景观类型最多、最齐全，全面反映了川南地区特定自然地理和地质条件下喀斯特发育过程的特色。园区内有小岩湾、大岩湾等天坑群，是中国境内发现、研究和命名天坑最早的典型地区。以天泉洞为代表的溶洞群，规模巨大，保存完好，是中国著名的洞穴之一，洞穴中还提供多条洞穴探险的旅游线路。地表石海分布面积达40平方公里，石林类型多样，千姿百态，是研究地表岩溶的绝好场所。形成地表石海的岩层是由距今约2.9亿年的海相碳酸盐。典型的地质剖面以及地层中保存的特殊沉积构造与丰富的古生物化石，全面反映了该地区沉积环境和构造演化的历史。

天府之国的四川，有许许多多著名的胜地。宜宾，对很多朋友大约都不陌生，金沙江、岷江在此汇合，长江至此始称"长江"，举世闻名的名酒五粮液，即产于宜宾。这里素有"神州琼浆，豪情酒海；天下奇观，风情石海；翡翠世界，诗情竹海"的盛名。其中的"天下奇观，风情石海"，指的就是四川唯一的世界地质公园——兴文石海。

从宜宾向东南沿着二级水泥路面行进90公里，便来到兴文。兴文石海地处川南与云贵高原交界之处，位于兴文县城以南25公里的石林镇。总面积121平方公里，兴文地处四川盆地南部与云贵高原过渡带。公园内石灰岩广泛分布，特殊的地理位置、地质构造环境和气候环境条件形成了兴文式喀斯特岩溶地貌，兴文是国内最早对天坑研究和命名地，也是研究西南地区喀斯特地貌的典型地区之一。

　　2.3 亿万年前，兴文石海一带还是一片汪洋大海。250 万年前的一次地质构造运动，大面积石灰岩相继出露于地面，形成了石海的茫茫地表石林，这一地质变迁已经由兴文石海发现的从坭盆纪到二叠纪时代的大量化石得到佐证。这片岩石的海洋是目前中国面积最大的地表岩海。随着时间的推移，地面上的石灰岩受到雨水的不断冲刷、融蚀，形成了地下洞穴、地下河流。天长日久，地下河空间扩大，超过承受极限后开始出现垮塌，出现了漏斗、石峰、石柱，洞中出现了边石坝，地面则留下石幔及各种形态的沟、漕、石林、石牙、石孔与残岩断壁。地面的泥土一天天减少，石头一天天增多，从高处往下一看，灰白色的大地就像是一片翻腾的大海，故而得名。

　　公园内保存了距今约 4.9 亿～2.5 亿年各时代的碳酸盐或含碳酸盐地层，地层中含有极其丰富的海相古生物化石和沉积相标志。公园内各类地质遗迹丰富，自然景观多样、优美，历史文化底蕴丰厚。洞穴纵横交错，天坑星罗棋布，石林形态多姿，峡谷雄伟壮观，瀑布灵秀飘逸，湖泊碧波荡漾，被誉为"地表石林、地下溶洞、特大天坑"三绝共生，加之僰（音 bo，同"博"）苗文化神秘厚重，各类地质遗迹与独特的僰族历史文化和丰富多彩的苗族文化共同构成了一幅完美的自然山水画卷，赏心悦目，美入心髓。

　　不仅如此，世界级规模的大漏斗、大量的流入型洞穴、完整的喀斯特流域、优良的喀斯特发育条件，构成了独具特色的"兴文式"喀斯特地貌。"兴文式"岩溶早在 20 世纪 80 年代就已成为四川乃至中国岩溶地质研究的典范，与云南路南石林、广西桂林溶峰丛景观组成了中国西部喀斯特三种类型的典型代表。因此，兴文喀斯特地质资源具有重要的科学价值和国际对比研究意义。

　　兴文石海地质公园包括 4 个园区。由以天泉洞为代表的 200 多个大小溶洞组成的洞穴群小岩湾地质园区；以自然生态著称，汇聚了峡谷、瀑布、湖泊、溶洞、古僰人遗址等多种地质遗迹景观的僰王山园区；形成于距今 4.9 亿年的奥陶纪，古石林、千年银杏、溶洞群、翠竹林海相伴相生的太安石林；桫椤树掩映着凌霄僰人遗址的凌霄城园区。

　　小岩湾园区集中了喀斯特地貌的各种形态，全面反映了川南地区特定自然地理和地质条件下喀斯特发育过程的基本特色。园区内有小岩湾、大岩湾等天坑群，是中国境内发现、研究和命名天坑最早的典型地区。形成地表石海的岩层是由距今约 2.9 亿年的海相碳酸盐。典型的地质剖面以及地层中保存的特殊沉积构造与丰富的古生物化石，全面反映了该地区沉积环境和构造演化的历史。小岩湾大天坑为石海风景区主要景观之一，其状如斗，四周如削，纹理直竖，色泽青灰，银光闪烁。在斗底仰望，碧空遥遥；若引吭高呼，回音之大，声若洪钟。从天坑边沿俯瞰斗下，只见斗底人物渺小如蚁。沿斗壁环行，四周翠竹漫漫，绿树丛丛，怪石嵯峨，状如巨大盆景。天坑绝壁中部，有自然栈道，长 2000 余米，宽 2 米，并与 3 个溶洞相连。洞中古堡犹存，沿洞壁可下阴河（地下河）。崖壁有两个形状别致的钟乳，涓涓细流从乳头泻出，游人到此驻足，多仰头张口接水，意在"滴水成仙"。大天坑的西北角，陡岩高耸，巍峨壮丽，当年中央红军长征经过此地，一个掉队的红军战士，同敌人浴血拼搏后被抓住，从上面推下去，英勇牺牲了，当地老百姓就把这里叫做"红军岩"。1982 年张爱萍副总理到此亲笔题下"红军岩"三个大字。

　　兴文石海的溶洞层层叠叠、纵横交错数十余里。洞体恢弘高大，气势磅礴；钟乳石千奇百怪，绚丽多姿。溶洞中最有代表性的景观是天泉洞。天泉洞原名袁家洞，规模巨大，主洞及大小支洞总长约 4.2 公里，洞内顶底板最大高差约 70 米，洞穴空间和延展长度均居世界洞穴之前列，洞内化学、重力和流水等各类沉积物齐全，特别是化学沉积物，千姿百态，栩栩如生，构成了绚丽多彩的地下宫殿。其中穹庐广厦、石林仙姿、玉树琼花、云步通幽等无数景点，让人应接不暇，叹为观止。最为

游人称道的是泻玉流光：一缕白光从 70 米高的天心眼上投射下来，如石破天开，划破黑暗。同时一道天泉也从天心眼喷薄而出，与光交融，忽而生出五彩霓虹，忽而让你感到幻影重重，让人在洞中苍穹下思绪起伏，遐想无边。兴文石海的地表石芽，绵延起伏，如万顷波涛，蔚为大观，故有"石海"之名。而无数奇峰异石从石海中脱颖而出，婷婷玉立，更令人称奇叫绝。夫妻峰、翠屏古塔、七女峰、金龟戏狗熊等，惟妙惟肖，堪称绝世佳景。

　　小岩湾园区的石芽面积 2.2 平方公里，石芽表面平滑，蜿蜒起伏，高 1.5 米左右，远观石芽，似排排涌浪，波状起伏，如同凝固的波涛，形成茫茫石海。

　　与小岩湾园区的石海相比，泰安园区的石林类型更多，体态更优美，景观更迷人。太安石林形成于 4.9 亿年前的奥陶纪，比石海景区地表石林的形成要早 2 亿年。远观太安石林，苍峰劲石森然林立，或亭或阁，有如散居山野的民居，又如气势磅礴、工艺考究的宫殿，俨然是一座典雅的古石城堡。若畅游其间，块块怪石呈现出亭台水榭、虫鱼鸟兽等造型，巧夺天工，惟妙惟肖。石间通道，或大道通天，戛然而止；或羊肠萦绕，无首无尾，九曲迂回，曲折迷离，似通道而不得过，似不通者却又能过之，构局之奇妙好似诸葛武侯布下的八卦阵。

　　凌霄山园区是以地表峡谷、瀑布等地质景观为主，以桫椤、楠竹等自然景观为特色的生态旅游观光游览区，也是以僰人遗址及神秘僰人传说等人文景观为依托的考古游览区。凌霄城历史悠久，兴文县最早的高级学府"凌霄书院"即以此命名，足见此山此城的历史地位。

　　凌霄山山顶便是有名的凌霄城。凌霄城四围绝壁，城上有开阔的土地百余亩。原有著名的古寺凌霄宝殿，可惜早已倒塌。山上有二井，虽大旱之年亦不枯涸。这个园区最值得一看的还有与恐龙同时代的桫椤树群。桫椤树总量在 20000 株以上，一般高 3～5 米，茎粗叶茂，在同族中可算是"顶天立地"了。其中一株超过 8 米，是已发现的最高大的桫椤树。

兴文县是四川省最大的苗族聚居地，有蜀中第一苗乡的美称。在兴文石海的苗寨，可以欣赏地道的苗家歌舞，可与苗家同胞共享夜晚篝火的激情。在苗家山寨的农家乐里，可以尽情领略兴文独特的苗族风情。

前国防部长张爱萍将军观赏了兴文石海壮丽风光后，挥毫写下《西江月》词一首：

峰峰千奇各态，洞洞万象异姿。

若非银河洒素丝，水下天上莫识。

仙山瑶台琼阁，小溪涓流乐池。

天公造化自有诗，敢言神奇绝世。

这真是兴文石海的最好写照。

# 恐龙之乡说自贡

撰文/刘扬正　摄影/赵洪山

　　**世界地质公园——四川自贡：** 2008 年 2 月 26 日入选世界地质公园。四川自贡世界地质公园位于被誉为"千年盐都、恐龙之乡、南国灯城"的自贡市，由三大园区组成，包括大山铺恐龙化石群遗迹园区、自贡盐业科技园区、荣县青龙山恐龙化石群遗迹园区。大山铺恐龙化石群遗迹园区以自贡恐龙博物馆为核心；自贡盐业科技园区以盐业历史博物馆为核心；荣县青龙山恐龙化石群遗迹园区以包括金花桫椤自然保护区、复兴青龙山恐龙化石群遗址、荣县城东南西瓜山最早恐龙化石发现地点等地。自贡世界地质公园范围内，出露了距今2.2亿年的上三叠统至1.4亿年的侏罗系，而最重要的地质遗迹盐矿和恐龙化石群就赋存其中，这是大自然赐给自贡的宝贵财富，也成为自贡世界地质公园的核心内涵。

　　提到恐龙，人们就会想到那远古时代的庞然大物。它们称霸地球，生存了近1.7亿年之久，最后却神秘地灭绝了。今天我们所知有关恐龙的一切，都是由恐龙化石得来的。而恐龙化石最多的地方之一，就是四川自贡。自贡大山铺恐龙化石群遗址是我国重要的恐龙化石产地，也是世界上最重要的古生物化石产地之一。在已发掘的3000多平方米范围内就获得了恐龙及其他脊椎动物200多个个体、上万件化石标本，这些珍贵的化石标本对研究恐龙及其相关古动物的系统演化、生理特征、生活环境等具有十分重大的科学价值。

　　人类生活离不开食盐，而自贡也是著名的盐都。自贡井盐遗迹和盐业科技及文化风靡海内外。早在东汉章帝时期（公元76～88年），自贡一带就开始了采卤制盐，这里有世界上第一口超千米的深井——燊海井，成为世界古代钻井技术的象征，形成的井盐钻井技术，被誉为中国古代"第五大发明"和"近代石油钻井之父"；有全国重点文物、全国7大专业博物馆之一的自贡盐业历史博物馆（西秦会馆），以及遍布全市的古盐井遗址、遗物，都是人类文明史的辉煌杰作。

　　自贡还有极其稀有的金花桫椤自然保护区。桫椤树是唯一现存与恐龙同时代的植物，因其为木本，所以又叫树蕨。与恐龙同期生长，并为恐龙主要食料之一。现存的桫椤，是未遭第四纪冰川破坏而保存下来的古老孑遗，人称"植物活化石"，被列为我国一级保护的8种珍稀植物之一。

　　因此，自贡当之无愧地于2001年被国土资源部批准为首批国家地质公园；2008年2月，被联合国教科文组织批准为世界地质公园。

　　大山铺恐龙化石群遗址位于四川省自贡市东北郊约11公里的大山铺镇旁，是一个盛产1.6亿年前的中侏罗世恐龙及其他脊椎动物化石的遗址，是我国最重要的恐

龙化石埋藏地，也是世界上最重要的古生物化石埋藏地之一。据地质考察，侏罗纪时期，这一带是开阔的滨湖地带，气候炎热，水草丰茂，大树参天，是恐龙理想的生活场所，而大山铺又是风平浪静的砂质浅滩，在此死亡的以及被河水从远处搬运来的恐龙尸骸，都被浅滩上的泥沙掩埋起来。尸骸地堆积与泥沙的掩埋交替进行了很长时期，以后再经过一两亿年漫长岁月的积压，终于形成了今天所见的含化石的砂岩层。该遗址最早于1972年发现，1977年首次发掘，获得一具较完整的蜥脚类恐龙骨架，1979年因基建施工化石被大量暴露。1979～1984年间先后组织三次大规模的清理和发掘，从中已鉴定出鱼类、两栖类、龟鳖类、鳄类、翼龙类、似哺乳爬行类等23个属27个种，包括14个新属、24个新种，其中有很多世界级的珍品，如：世界上最原始、最完整的剑龙——太白华阳龙，世界上保存最完整的原始的蜥脚类恐龙——李氏蜀龙，世界上最完整的小型鸟脚类恐龙——劳氏灵龙，世界上首次发现的蜥脚类恐龙尾锤——蜀龙和峨眉龙尾锤，以及20余个完整而特别珍贵的恐龙及其他脊椎动物头骨等化石。估计整个化石群集中埋藏范围约17000平方米，化石骨骼10万块以上，被誉为"恐龙公墓"。大山铺恐龙化石群遗址具有化石藏量巨大、门类齐全、埋藏集中、保存完整等特点。作为一处罕见的自然历史遗产，它所产出的化石不仅具有重要的科普教育和旅游观光价值，而且填补了恐龙演化史上侏罗纪早－中期恐龙化石材料缺乏的空白。自贡恐龙以其丰富性、稀缺性、完整性著称于世。自1989年以来自贡恐龙曾15次出国出境，先后在日本、泰国、丹麦、南非、美国、澳大利亚、新西兰、韩国和中国香港等9个国家和地区的25个城市展出，足迹遍布五大洲。1987年，在大山铺恐龙化石遗址发掘现场，修建了亚洲最大的恐龙自然博物馆，这是继美国、加拿大之后的世界三大恐龙博物馆之一，被誉为"东方龙宫"。其中尤以中侏罗纪恐龙最富特色、最具代表性，也最为多姿多彩，是世界上收藏中侏罗纪恐龙最丰富的博物馆。

去自贡，恐龙博物馆是不可不去的地方。它与美国国立恐龙公园、加拿大恐龙公园齐名，合称为世界三大恐龙博物馆。博物馆主馆建筑远望如一堆黄色巨石，与周围中生代残存植物相映生辉，给人一种远古洪荒的印象。从大门进去，一步跨过时间千万载，进入远古恐龙时代，眼前呈现的是一个蔚为壮观的史前景象：中央大厅地下室和化石埋藏厅，众多的动物遗骸，酷似惨遭杀戮后被活埋的"万龙坑"。所有化石都保持其原始埋藏状况，这种神奇的自然景观，令人惊叹不已。此外，在发掘现场还发现不少鱼类、鸟类、两栖动物、爬行动物及哺乳动物的化石。这些化石也都经过整理，陈列在博物馆内的知识厅及标本陈列厅内，展示了侏罗纪恐龙动物群落的生态面貌。其中"天府峨嵋龙"是该厅最引人注目的庞然大物。它的头离地面约10米，全身长约20米，躯体粗大，尾巴很长，四脚着地，昂首挺立，非常雄伟。

自贡以盛产井盐闻名，素有"千年盐都"之称，其悠久的采卤制盐史，可上溯到近2000年前的东汉章帝时期（公元76~88年）。公园内大量的采盐遗迹反映了自贡近2000年悠久的盐业历史文化，综合体现了我国古代钻井技术发展的水平。著名的盐井遗址——燊海井是运用简易材料和高超的钻井技术凿成的世界第一口超千米深井，享有"凿井奇观"和"天下第一"的美誉。它的凿成，不仅是中国古代钻井工艺成熟的重要标志，也是世界科技史上的重要里程碑；公园内的自贡盐业历史博物馆中既有世界唯一的一套中国古代钻治井工具群，又有堪称"中国最古老股票"的一大批盐业契约，还有反映云南、西藏等盐区的盐业文物。盐业历史博物馆完整地展现了自贡乃至中国井盐生产、发展的历史画卷，对"千年盐都"的内涵作出了最完美的诠释。

自贡灯会也是自贡一绝，它有着近千年的悠久历史和鲜明特色。它荟萃了中国灯文化的风采，赢得了"天下第一灯"的美称，自贡灯会气势之磅礴，灯组之奇巧，工艺之精湛，地方风情之浓烈，在国内外首屈一指，是中国传统文化、民俗文化的杰出代表，体现了中国悠久的历史和灿烂的文化。

同时，这里还是江姐和"党内五老"之一、著名的教育家、历史学家、语言文字学家吴玉章的故乡，你可以参访他们的故居，也可以去具有1400多年历史的仙市古镇一游。仙市古镇是釜溪河当年盐运重要码头之一，建筑保留着原有风貌，寺庙祠堂众多。古代建筑艺术和佛教文化的韵味充满了这个古镇，明末清初的古建筑群：南华宫、天上宫红墙黛瓦、众鳌高翘、雕梁画栋、木雕飞禽走兽、花草虫鱼，造型各异、栩栩如生。

两千年盐业历史、亿万年恐龙之乡、八百年彩灯文化，是自贡的"大三绝"，是自贡独具特色的旅游资源，不仅成为自贡的象征，孕育了世代盐都儿女，同时也积淀了厚重的历史文化，使之成为中国传统文化聚宝藏珍之地，令无数中外游人倾倒、折服。

# 惊世奇观："三江并流"

撰文/贺 斌 摄影/一 丁

**世界自然遗产——云南"三江并流"自然景观：2003 年 7 月列入世界自然遗产。**
三江并流指发源于青藏高原的怒江、金沙江（长江上游）和澜沧江（湄公河上游）。
这三条大江在中国云南省西北部迪庆藏族自治州及怒江傈僳族自治州境内穿过横断
山脉高大的云岭、怒山、高黎贡山中幽深的峡谷，并行奔流 170 多千米而不交汇的
自然奇观。是中国境内面积最大的世界遗产地。

　　在云南省西北的横断山脉纵谷之中，携手并肩，日夜奔流着金沙江、澜沧江、
怒江三条著名的大江。三条大江中间，高耸的高黎贡山、怒山与碧罗雪山、云岭及
香格里拉大雪山、沙鲁里山，与三江平行纵列而立，呈现出山夹江、江隔山、山水
并列的雄壮气势，形成了"三江并流"的千古奇观。千百年来，"三江"亘古不变地
并流，演绎出高山峡谷绝无仅有的万千自然景观，她集雄、险、奇、秀、幽等旷世
神姿于一身，拥有除沙漠、海洋之外世上所有的自然壮美景观，是地球上最神秘的
地方之一。
　　"三江并流"一词来源于地学的现代科技手段卫星遥感地图。
　　1985 年联合国教科文组织的一名官员在一张卫星遥感地图上惊异地发现在地球
位于东经 98°～100° 30′，北纬 25° 30′～29°的地区并行着三条永不干涸奔腾的大江，
这就是位于青藏高原南延至滇西北横断
山脉纵谷之中的"三江"（金沙江、澜
沧江、怒江）地区。这一举世瞩目的奇观，
从此引起全世界的关注。1988 年经国务
院批准，"三江并流"被定为第二批国
家级风景名胜区。2003 年 7 月 2 日，联
合国教科文组织第 27 届世界遗产大会
一致决定，将中国云南省西北部的"三
江并流"自然景观列入联合国教科文组
织的《世界遗产名录》。
　　发源于青藏高原的金沙江、澜沧江、
怒江三条大江在云南省境内自北向南并
行奔流 170 多公里，穿越担当力卡山、
高黎贡山、怒山和云岭等崇山峻岭之间，
到达云南省丽江以后才慢慢分开。这一
独有的地质地貌，形成了世界上罕见的
"江水并流而不交汇"的奇特自然地理
景观。金沙江与澜沧江最短直线距离为
66 公里，澜沧江与怒江的最短直线距离
还不到 19 公里，这里又被人们称为三

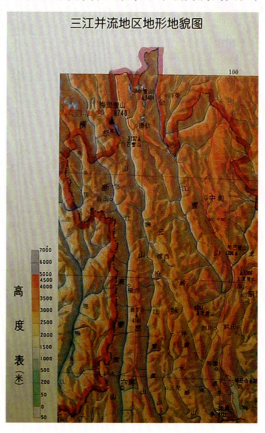

三江并流地区地形地貌图

江大峡谷。

"三江并流"自然景观由金沙江、澜沧江、怒江及其流域内的山脉组成，它地处东亚、南亚和青藏高原三大地理区域的交汇处，涵盖范围达 170 万公顷，它包括位于云南省丽江市、迪庆藏族自治州、怒江傈僳族自治州的 9 个自然保护区和 10 个风景名胜区。

"三江并流"地区是世界上蕴藏最丰富的地质地貌博物馆之一。4000 万年前，印度次大陆板块与欧亚大陆板块大碰撞，引发了横断山脉的急剧挤压、隆升、切割，高山与大江交替展布，形成世界上独有的三江并行奔流 170 千米的自然奇观。金沙江由北东去，汇集雅砻江、大渡河、嘉陵江，于是中国便有了长江，流经石鼓镇天造奇观（长江第一湾）急转回头大江东去，最终流入太平洋。澜沧江由北南下缓缓而流，穿越国界便成了邻国湄公河的上游。怒江由北南下奔腾湍急闯进缅甸便成了萨尔温江的上游。澜沧江、怒江穿流缅甸、越南、老挝、泰国最终流入印度洋。

"三江并流"世界遗产提名地由八大片区组成。"金沙江、澜沧江、怒江"四山夹三江的典型地貌奇观将八大片区有机地结合在一起，它们中的每一个自然景观都是世界的"谜题"，分别代表了不同的流域、不同地理环境下各具特色的生物多样性、地质多样性、景观多样性的典型特征。相互之间存在着在整体价值上的互补性和在典型资源上的不可替代性，由此构成了"三江并流"世界遗产提名地资源价值的"唯一性和完整性"。

"三江并流"景区内高山雪峰横亘，海拔变化呈垂直分布。从 760 米的怒江干热河谷到 6740 米的卡瓦格博峰，汇集了高山峡谷、雪峰冰川、高原湿地、森林草甸、淡水湖泊、稀有动物、珍贵植物等奇观异景。景区有 118 座海拔 5000 米以上造型迥异的雪山，与雪山相伴的是静立的原始森林和星罗棋布的数百个冰蚀湖泊。海拔达 6740 米的梅里雪山主峰卡瓦格博峰上覆盖着万年冰川，晶莹剔透的冰川从峰顶一直延伸至海拔 2700 米的明永村森林地带，这是目前世界上最为壮观且稀有的低纬度低海拔季风海洋性现代冰川。千百年来，藏族人民把梅里雪山视为神山，恪守着登山者不得擅入的禁忌。

"三江并流"地区是地球演化的历史教科书。她保留着大地演化的进程和容貌，她是世界生物多样性最丰富的地区。在仅占我国不到0.4%的面积上，却拥有全国20%以上的高等植物和全国25%的动物种数，这在世界上也是唯一的。目前，这一区域内栖息着珍稀濒

危动物滇金丝猴、羚羊、雪豹、孟加拉虎、黑颈鹤等77种国家级保护动物和秃杉、桫椤、红豆杉等34种国家级保护植物。可以观赏到200多种杜鹃、近百种龙胆、报春及绿绒马先蒿、杓兰、百合等野生花卉，因此，植物学界又将"三江并流"地区称为"天然高山花园"。由于"三江并流"地区未受第四纪冰期大陆冰川的覆盖，该地区又被誉为"世界生物基因库"。

在这片美丽富饶的土地上，聚居着16个勤劳勇敢的民族，成为世界上罕见的多民族、多语言、多种宗教信仰和风俗习惯并存的地区。长期以来，"三江并流"区域一直是科学家、探险家和旅游者的向往之地，他们对此区域显著的科学价值、美学意义和少数民族独特文化给予了高度评价。

"三江并流"地貌特质颇有意思。其区域反映着地球演化的主要阶段，丰富多样的地质遗迹、地貌景观和地质现象，向世人展示着这里所经历的极其复杂的地壳演变历史及正在进行着的地质作用。"三江并流"地区内出露的晚古生代（距今4亿年前）以来比较完整的古生物地层记录，反映了这里曾经是广阔的特提斯古海洋的组成部分；由超基性岩（如蛇绿岩、橄榄岩）、基性岩（如辉长岩、辉绿岩、枕状玄武岩、细碧岩等）与深海相沉积（如放射性硅质岩）组成的蛇绿岩，反映出这里曾经是类似于现今大洋中脊附近洋壳的环境；类型多样、成分复杂的岩浆类岩石（包括火山岩类、浅成岩类、深成岩类）记录了这里各时期岩浆活动的规模和特点，反映了不同阶段的演化模式；区内的变质岩、混杂岩、构造岩与地层、岩石中的褶皱、断裂、节理、劈理等构造变形及不同地块间的深大断裂系统，反映出这里曾遭受的强烈挤压活动。洋壳的消亡、地层的压缩、地块的拼合、地壳的降升等地质历史过程，在地质学家对众多信息的解释中变得清晰起来："三江并流"区域是特提斯海洋的演化。

在地球演化历史中，特提斯海洋就曾经历过不同的打开与闭合的过程，留下了许多证明该过程的地层、岩石、化石和地壳形变的地质遗迹。特提斯海洋的闭合，

最终驱动着印度板块冲向欧亚板块，使"三江并流"区域从大洋深海环境演变成大洋岛弧、多岛洋盆环境，再演变成大陆环境、高原环境，两个大陆的强烈挤压，将这里的岩石挤碎、揉皱、变质，并引发大规模的岩浆活动。持续的碰撞活动，使这一地区大规模地抬升并产生强烈的构造变形，形成世界上压缩最紧、挤压最窄的巨型横断山复合造山带即世界上独有的"三江并流"奇观。

复杂多样的地质构造背景，为形成"三江并流"区内多种多样的地貌类型奠定了基础。高大的褶皱山系和断块活动，控制了地表动力地质作用、河流的侵蚀塑造、山岳冰川的刨蚀作用，刻凿出深邃的大峡谷、冰川谷地、冰蚀湖群、瀑布、角峰、鳍脊、峰丛、绝壁，创造出具有世界第一流美感的地质地貌景观区。"三江并流"典型的地貌景观有高山峡谷组成的"三江并流"奇观、冰川遗迹及现代冰川地貌、高山丹霞地貌、花岗岩峰丛地貌、高山喀斯特地貌及高原、雪山、草甸、高山冰蚀湖泊群等。

特殊的地质演化历史、地质地貌和地理环境特征，控制了"三江并流"区的原始生物种群来源和水热条件分布特征，进而控制了这里的生物演化过程、特征及演化模式，形成多样性的生物、生态景观。

"三江并流"多样的岩石类型、多样的地质构造、多样的地貌景观，为诠释特提斯海洋消亡、印度板块与欧亚板块碰撞机制和模型、陆内巨型复合造山带的形成、青藏高原演化隆升等重要的地球演化历史阶段和重要地质事件提供了典型遗迹，并展示着正在进行的宏伟的各种动力地质作用和冰川地质作用等地形地貌的塑造过程，是多种高山地貌景观类型和演化过程的杰出地区。这些珍贵、罕见的地质地貌景观和遗迹，是大自然留给人类的宝贵财富。

我们还是先看一看多情的金沙江吧。

明代宋应星在《天工开物》里写到"金沙江……回环五百里，出金都有数载。"

这条"神川丽水"因其出产金沙而被人叫做金沙江。金沙江的高差为3300米，几乎每流一公里就要下降一米。

金沙江从离天最近的青藏，怀揣着雪峰的圣洁，南下撞进横断山大峡谷，成为川藏界河，飙纵滇西北。它自古就不曾沉睡，像一个敞向天空的大地画廊，又好似一架放荡不羁的无弦之琴，奔流在宽阔的山间、裸露的江滩、曝晒在温暖的阳光下，一尊尊巨石躺卧在江边打盹，江面上不时涌起成片的漩涡。深谷中的金沙江则性情刚烈，它在狭缝中挣扎，呐喊声如震天之雷，摆出一副欲挣脱群山桎梏之势；细浪，却在翻滚中发出低沉的吼声，奏响了一曲惊世骇俗的绝唱。

金沙江虽暴跳了千万年，但它也蕴涵着水浒传里鲁智深粗中有细、刚里怀柔的性格。流经石鼓镇一带，它又像京剧里的诸葛亮一样迈着四方步，表现出心平气和温文尔雅之态。平缓地带，金沙江窄成一线，蜿蜒曲折中不时流淌出几分妩媚，美妙神秘的声音在空旷的峡谷中回荡，这是情与理在交汇，灵与肉在碰撞，刚与柔在交嬗，那更是一种似乎是从地心传来的空灵而绝妙的微音……

走过柔软的金色沙滩，在身后留下一串清晰的脚印之后，你便听到了金沙江的心跳，哦，那是她用呼吸在洗涤心灵尘埃的声音。近看浪花翻滚飞溅，滔滔奔流不息；远眺两岸群山起伏，峰峦叠嶂；聆听江流回旋，荡气回肠；用心感受变幻莫测的旋涡，在静谧与激荡交汇的瞬间，百折千回仍奔腾。这条江，宛如玉带往来穿梭于横断山的深谷内，灵动秀气。她，的确很美，美得让人心动，美得让人不忍离去。

金沙江全长2316公里，流域面积34万平方公里。几经养精蓄锐靓丽转身，定格为惊世骇俗的"长江第一湾"。此后，像脱了缰绳的红鬃野马咆哮着奔腾了35公里，又闯进了玉龙雪山和哈巴雪山之间。两岸山岭与江面落差达2500～3000米，这里就是举世罕见的峡谷之一：虎跳峡。

横断山锻打出金沙江傲视苍穹的能量。金沙江与这片土地的碰撞，似如椽之大笔书写了波澜壮阔的历史画卷。《中国史纲要》记载，"战国时期楚将庄蹻领兵溯沅水西上，在路经夜郎之滇，适黔中地为秦所夺，庄蹻归路被斩断，留滇为王，全军变从滇俗"，开启了古滇国时代；元忽必烈革囊渡江，屯兵金沙江两岸，促成南北民族大融合；徐霞客探秘金沙江，得出金沙江乃长江正源之论，带来了金沙江地理探索的黎明；洛克、顾彼得随马帮进入金沙江大峡谷，拿到了香格里拉神秘大门的钥匙；横枪跃马的红军渡江长征北上，燎原出一个新时代的星火前期，为金沙江的历史烙上红色印记，毛泽东在陕北瓦窑堡的窑洞里不就写下了气壮山河的豪迈诗篇《七律·长征》吗？

在这里，保护金沙江流域生态环境的意识，像代代延续的传家之宝，守护着"金江春色来天地"的美誉。

在我用文字扫描滇西北的时光中，金沙江一次次地从母亲温暖的胸膛流过。她像一个田径场上的运动员，来不及休息，便急急忙忙、气喘吁吁地跑完了2316公里赛程，在四川的宜宾与岷江会师，一道汇入了浩浩荡荡的长江。

金沙江多情，澜沧江却"蕴藏"着无限的神秘。

澜沧江是中国西南地区的大河之一，是世界第九长河，亚洲第四长河，东南亚第一长河。澜沧江发源于青海省玉树藏族自治州的杂多县吉富山，源头海拔5200米，地理坐标为东经94°40′52″、北纬33°45′48″，全长4909千米，流出国后称湄公河，为缅甸、老挝的界河。

澜沧江上源扎曲，源出青海省杂多县境内唐古拉山北麓查加日玛的西侧，南流至西藏自治区昌都县附近与昂曲汇合后称澜沧江，向东南流入云南西部至西双版纳傣族自治州南部。澜沧江流经缅甸、老挝、泰国、柬埔寨、越南，在越南南部胡志明市南面入太平洋的南海，总流域面积81万平方公里，是亚洲流经国家最多的河，被称为"东方多瑙河"。澜沧江在中国境内长2179公里，流经青海、西藏、云南3省区，其中在云南境内1247公里，流域面积16.5万平方公里，占澜沧江与湄公河流域面积的22.5%，支流众多，较大支流有沘江、漾濞江、威远江、补远江等。

澜沧江上中游河道穿行在横断山脉间，河流形成两岸高山对峙，坡陡险峻成V字形峡谷。下游沿河谷平坝，著名的景洪坝、橄榄坝各长8公里。河道中险滩急流较多，径流资源丰富，多年平均径流量740亿立方米。水力资源理论蕴藏量3656万千瓦，可能开发量约2348万千瓦，干流为2088万千瓦，约占全流域的89%。河

道中因险滩急流较多，所以只有威远江口至橄榄坝段可行木船和机动船。

澜沧江源区，河网纵横，水流杂乱，湖沼密布，流经的地区有险滩、深谷、原始林区、平川，这里地形复杂，冰峰高耸，沼泽遍布，景致

万千。气候具有寒冷、干燥、风大、辐射强、冷季漫长、无绝对无霜期等特点。年平均气温一般在 6.0℃～4.0℃ 之间，但大部分地区在 0℃ 以下，降水空间分别有东南向西北递减，流域东部年平均降水量 500 毫米以上，西部年降水量在 250 毫米左右。年内降水分布具有冷季少，暖季多的特点。

澜沧江在西双版纳的流程为 158 公里，古时傣族称"南兰章"，意为"百万大象繁衍的河流"。澜沧江可分上下两段，上段从景洪出发，逆水而上至虎跳石，到了虎跳石，江面已渐渐收缩，最窄处仅 20 米左右。两岸是参差不齐的大岩石，江水汹涌澎湃。两岸景物变化多端、奇峰嶙峋，绿水青山，相互辉映，兽鸣鸟啼，醉荡芳心。丰富多彩的植物景观，珍贵稀有的动物生态，组成了一幅纯天然的绿色画卷，体现了大自然的风姿。下段从景洪乘船而下，经橄榄坝至中、老、缅 3 国交界处。礁石林立，离开橄榄坝往下行驶，两岸山势险峻，峭崖壁立。橄榄坝，素有"孔雀羽翎"的雅称，也有"绿孔雀尾巴"的说法。

澜沧江的两岸是壮丽丰饶的，也是秀美的。无论是山峰上，还是悬崖边，都密生着郁郁葱葱的亚热带森林。密林被丛生的藤蔓攀附着、缠绕着，许多参天巨树身上都披满了各种各样的附生植物，从树顶一直垂挂到江边，有的好像是串串璎珞，有的又好像是老人的长须。那些生长在江边和崖壁上的树木，竟有着如此惊人的顽强生命力。随着年复一年江水的涨落，它们所寄以生长的土层已经被波浪冲刷得干干净净，许多大树的根，几乎全部裸露在外面，只有少数的根须依附在悬崖的石壁上，在它们的树干上，水淹的迹印一直达到树的半腰。尽管如此，它们仍然顽强地耸立着，枝叶繁茂地生长着。

西双版纳的人这样说："到云南不到西双版纳，不算到过云南，到西双版纳不乘船游览澜沧江，则不算到过西双版纳，乘船游澜沧江不上岩观赏橄榄坝风光，就感受不到傣家村寨的美景。"因为景洪至橄榄坝的自然风光和人文景观，是西双版纳最

完美的缩影。

西双版纳如此之美，难怪就连放荡不羁，血性沸腾的澜沧江，也在这里蜿蜒不舍，步步回头。

最后是要说说怒江了。

怒江大峡谷位于滇西横断山纵谷区"三江并流"地带，峡谷在云南段长达300多公里，平均深度为2000米，最深处在贡山丙中洛一带，达3500米，被称为"东方大峡谷"。海拔4000多米的高黎贡山和碧罗雪山夹着水流汹涌的怒江，峡谷中险滩遍布，两岸山势险峻，层峦叠峰。比较有名的景观有双纳洼地嶂峡、利沙底石月亮、月亮山、马吉悬崖、丙中洛石门关、怒江第一湾、腊乌崖瀑布、子楞母女峰、江中松等。怒江大峡谷分布着傈僳族、怒族、独龙族、白族、普米族等十几种少数民族，民俗风情独特、神秘！

春季，是怒江四季中最美的时节。高黎贡山的碧罗雪山已披上了皑皑白雪，怒江江水轻柔，色如碧玉，峡谷里气候温和，热带植物与雪山形成了一幅绝美的风景画！而一年一度热闹的"澡堂会"却又是另一迷人的风情！怒江大峡谷集峡谷、高山、民族、边境和地质、地貌、江河、森林、生物、气象，众景观于一体，在这里你会强烈地感受到大峡谷的雄、险、秀、奇、幽、旷、绝以及"十里不同风，百里不同俗"的纯情、绝美、神奇的自然景观和民族风情。大峡谷的立体气候、立体生态、立体自然景观和丰富奇特的少数民族风情，是世界上少有的自然旅游资源。

怒江峡谷高差大，且逼窄，江水无不狂奔咆哮，怒气冲天。难怪古人曾以"水无不怒石，山有欲飞峰"来描写怒江呢。怒江：挡不住的魅力！

# 石 林 寻 幽

撰文/张建华　摄影/吴卫平　赵洪山

　　世界自然遗产、世界地质公园——云南石林：2004年2月13日入选世界地质公园；2007年6月27日列入世界自然遗产。位于云南省昆明市石林彝族自治县境内，海拔1500米～1900米之间，以石多似林而闻名，景区范围广阔，景点众多，有石林风景区、黑松岩（乃古石林）风景区、飞龙瀑（大叠水）风景区、长湖风景区、月湖风景区、芝云洞风景区、奇风洞风景区、圭山国家森林公园等。其中已开发为游览区的是：石林风景区、黑松岩（乃古石林）风景区、飞龙瀑（大叠水）风景区、长湖风景区。2.7亿年前，石林大地上崛起了千余平方公里的石头"森林"，是石头

2010年8月1日，广东丹霞山、福建泰宁、湖南崀山、江西龙虎山（包括龟峰）、浙江江郎山、贵州赤水等"中国丹霞"项目正式列入《世界遗产名录》。

　　文学命题，有一个非常有趣的所谓"永恒主题"，即"爱"和"死"。这家伙乍一听挺凝重的，而细一想却又非常的简单而有理。试想，作为社会意识形态之一、研究社会文化的文学离开了"人"这一主题，还能谈些什么呢？

　　谈"人"，自然离不开人的生存环境，自然离不开人的繁衍生息，自然离不开"爱"和"性"，要不，哪来那么多颇吸引人眼球的"人与自然"、"人与环境"、"老人与海"和"性文化"的"物事"和"说法"呢？丹霞山的出名，就紧紧扣住了这一主题，让自然和人文文化融融成可以撼动一切的光束，"点亮"着万千游客的内心。

　　我曾五次造访过丹霞山，分"段"领略过丹霞山的秀色，那山的美，那江的秀，那景的幽，那人文文化的璀璨、悠久和厚重，如钢钎刻石，如熔炉熔铸，如墨飞粉壁，尘埃落定在澎湃的心室，久久地、连绵不断地撞击、弹拨那"美"的神经，让愉悦充填进我生存着的时空。

　　首次登山是在一个南粤的春季。这南粤谜一样的春季，让这神秘的丹霞山送给我了一个雾一样的谜团。那日，大大小小的山头和深深浅浅的涧壑都蒙在一层浓浓的雾帐之中，把这座本来就神神秘秘的充满了一些未解谜团的山，加上了更多迷离缥缈的玄机。尽管这玄机更能勾动人们的探幽冲动，但这雾幔中的山，雾幔中的河，雾幔中的仙踪古韵，让我根本无缘一窥其"庐山真面目"，这无奈的结果，让我还是早早地草草结束了首次行程。

　　第二次的登山，选择了一个无雾的冬季。这一次，由于上午还要在仁化县城参加一个活动，故市、县的领导将登山改为午后的"丹霞精品游"——直奔主题阳元石和阴元石。

说起丹霞山的阳元石和阴元石，是不能不首先讲一下丹霞山的地质地貌的。因为，在世界众多的丹霞地貌中，丹霞山是世界"丹霞地貌"的命名地。况且，那神奇的阴、阳元石，又是由于丹霞地貌的缘故而化生。

丹霞山作为中国的红石公园，坐落于广东省韶关市的仁化县境内，面积290平方公里，是广东省面积最大、景色最美的风景区之一。1988年以来，丹霞山分别被评为国家风景名胜区、国家级地质地貌自然保护区、国家AAAA级旅游区、国家地质公园和世界地质公园。在这里，丹霞山以680多座顶平、身陡、麓缓的红色砂砾岩石山峰，以"色如渥丹，灿若明霞"奇景，以璀璨的地域文化、道释文化、性文化，更以赤壁丹崖为雄姿、为神魂，构筑起南国迷人的神采。据地质学家们的研究表明：在世界已发现的1200多处丹霞地貌中，丹霞山是发育最典型、类型最齐全、造型最丰富、景色最优美的丹霞地貌集中分布区。

在距今1.4亿年至7000万年间，丹霞山区是一个大型内陆盆地，受喜马拉雅造山运动的影响，四周山地强烈隆起，盆地内接受大量碎屑沉积，形成了巨厚的红色地层；在距今7000万年前后，地壳上升而逐渐受侵蚀。距今600万年以来，盆地又发生多次间歇上升，平均大约每万年上升1米，同时流水下切侵蚀，丹霞红层被切割成一片红色山群，也就是现在的丹霞山区。

在这里，科学界对丹霞地貌的研究可以说已达"高屋建瓴"的程度。因为，学者们对丹霞山的地层、构造、地貌表现、发育过程、应力作用以及自然环境、生态演化等方面的研究在全国丹霞地貌区最为详细和深入，已经成为全国乃至世界丹霞地貌的研究基地、科普教育和教学实习基地。丹霞山风景区内有大小石峰、石墙、石柱、天生桥680多座，群峰如林，疏密相生，高下参差，错落有序；山间高峡幽谷，古木葱郁，淡雅清静，风尘不染。锦江秀水纵贯南北，沿途丹山碧水，竹树婆娑，满江风物，一脉柔情。

在丹霞山，有佛教别传禅寺、锦石岩以及80

内容和更广泛的影响。例如，表现在男根崇拜上。我国考古工作者从中原到湖广的广大地区，都发掘出大量用于奉祀崇拜的陶且、石且、玉且、铜且。在埃及底比斯和卡纳克大寺院的壁画中，诸王诸神的像都画着勃起的阴茎。古希腊和古罗马的雕像也都突出了男子生殖器。表现在男根的象征物上。原始人早期曾用鸟、蜥蜴、龟等性情比较温和的动物象征男根；后期为巩固男性的地位，强调男根的威风和雄伟，又选择了蛇、虎、狮、野牛等凶猛的动物，甚至于"山"来象征男根。其中有的象征物的象征意义，至今还活在人们的口语中。如"鸟"，直到现在都是男性生殖器的别名，"卵"是睾丸的别名。表现在文字上。如我国自古至今的"祭祖"习俗，这"祖"的古字为"且"，即是男根的象形文字。表现在建筑上。世界上许多地区都不难见到类似男性生殖器造型的建筑，像欧洲哥特式的教堂和十字架，印度的佛塔，印第安人的图腾柱，我国的华表及寺庙中的石柱等，都无不带有男根崇拜的意义。表现文学艺术及其他方面，比如，古希腊神话中的生殖之神普赖阿帕斯，有一个大到不成比例的阴茎，形状也极为特别。在印度寺庙中供奉的"林枷"（男性生殖器），不

仅被洒上香水、套上花环，还被制成纪念品出售。据公元2世纪希腊作家琉善的记载，叙利亚有一所香火极盛的庙宇，庙内除陈设着豪华和奇异的供品外，还有两具伟岸绝伦的上面刻着"巴考士挺举伟器，崇敬他的岳母

姝娜"字样的男性生殖器造型和许多带雄性性器的男性小神像。就是这座庙宇，常年却吸引着成群的香客前去参拜，香客里面还包括许多远在阿拉伯、菲尼基、小亚细亚、西西里、亚述等地的长途跋涉者。至于如今的印度包括澳大利亚布里斯班新建的印度神庙中，也都有那根象征男性生殖崇拜的男性雄起的"圣根"。总之，在世界各国的历史上，有关生殖崇拜的原始艺术比比皆是，其中古代印度文化所表现出来的生殖崇拜尤其强烈，令人感到震惊。比如表现男女结合情景的塑像堂而皇之地供养在神殿中，展示男女交媾姿态的浮雕肆无忌惮地镶嵌在宏大庙宇的石墙上，象征女阴的磨盘状石刻和象征男根的圆柱形石头毫无掩饰地组合在一起。在古代人类的心目中，生殖活动曾是一件何等神圣、崇高、庄严的大事。

眼前的这根神奇无比的大石柱，确实让我想了很多，我想到了古今中外、古往今来性文化的方兴未艾，想到了阳元石的阳刚和气韵，更想到了大自然鬼斧神工的神奇和它的博大与无畏。我想，阳元石之所以被称为阳元石，还是取了它的阳刚之阳，元气之元的阳刚之气吧。这根高 28 米，直径 7 米的神奇无比的石柱，如果用科学的观点解释，是地质本身长期运动演化而成，它经历了沙石、粘土随雨水冲刷不断积聚在湖盆中，它经历了富含铁质沉积物的沉积，它经历了喜马拉雅造山运动宏大的场面，它经历了地壳上升，湖盆变成陆地，炎热气候使沉积物氧化为红褐色的岩石的过程。在漫漫征途，阳元石经历了长期气温的变化、经历了风雨侵蚀、流水的切割，

经历了岩石被分裂、切割、"修正"的"痛苦"过程，才"锻造"成如今伟岸的神姿。

不过，确实，它太奇，太绝，太逼真了，从颜色、形状、轮廓、比例，就是一根活脱脱的男性之根。它像得让所有的男人感到惭愧，它像得使每一个成年女人产生心跳，于是，人们不得不怀疑，也不得不承认世上怎会有这样的自然之物，世上竟会有这样的神奇之品。

告别雄壮的阳元石，绕过巍然而又无情的阳元山和青龙岭，跨过山下青罗玉带般的锦江河，乘坐了一段景区内的汽车，沿长老峰下的山道蜿蜒前行十分钟，于翔龙湖畔弃车、乘舟、登岸，经过一段林间小道的穿行，再经过了在石阶山道上几个不大不小的起伏，我们来到了阴元石前面的那个几

十米大的平台。从这里向前望去，高山竞秀，巍峨起伏；密林修竹，莽莽苍苍，丹峰如林，错落有致；形态各异，雄、奇、险、幽。我看着眼前大气磅礴、恢弘狂放的丹霞地貌，回头再看那惟妙惟肖的阴元石，头脑里不由自主地冒出那句经典的名句："天生一个仙人洞，无限风光在险峰。"

阴元石，高10.3米，宽4.8米，深4米，恰如是幅将女性的外阴幽处放大了一百倍的写真图集。更妙的并不单单是这个比例和形状意义上的写实，它的魅力更在于粉红的颜色，里外石壁的光滑和看上去的柔软，四周的灌木及杂草形成的那种自然的装饰，让人倍感大自然的神妙。这"生命之源"，撩开了少女羞涩面纱的人类的本真，这充满着阴柔之气、蕴涵着一份永恒而自然神秘的美，伴随着四周翁郁的树木，伴随着长年从无歇息过的潺潺溪流，道不尽这"天下第一奇景"母性伟大的包容之心。阴元石成因，地质学家们也讲的十分明白，即缘由地壳运动，湖底抬升，红砂岩慢慢露出水面后石头中石质松软部分因长时间受湖水撞击和风雨侵蚀，慢慢风化、冲走、淘空，形成如今阴元石之"幽洞"。春夏季节，雨水流动的地方，生长青苔，青苔被太阳曝晒枯死后变成黑色，便成了阴影。长年雨水流不到的地方，露出砂岩的丹红色，似人的肉质，最后形成了酷似女阴的世界奇观。

试想，在一处景区，天生一根直刺青天的阳元石已使世人惊呼不止，倍觉不可思议，那么仅隔着一个山头和一条流水，面对着阳元石又出现了一尊形神兼备的阴元石，两者之间又相向而对，这又怎么不让人产生更多的遐思，又怎样能够说得清呢？

告别了阴、阳元石，我没有去问别人在想什么，它的绝妙、雄奇与逼真，让我的思维发生了恍惚：分不清是人类塑造了大自然，还是大自然烘托出了人的聪颖和智慧。我想起了庄子的那句："若非自然，谁能生我？若无有我，禀自然乎！"想想古人的这番话，似乎也就明白了。

第三、第四次的登山，几乎没留什么记忆，因为作为"三陪"的"地主"，一切唯客人的宗旨，让大脑中的亲情、友情，挤走了固有的那点闲情逸致。最近一次对丹霞山的拜访，选在了这个气息清新的夏季。可能是天公刻意地眷顾，登山前竟有一场快速飘过的雨水，这浴过的山野，促使愉悦的心情不断蒸腾，让这次行旅充满着无尽的诗意。

丹霞山脚下，锦江像条碧玉带围绕着座座雄奇险峻的山峰，给以阳刚著称的丹霞赋予了丝丝温婉的清新。行程是以畅游锦江开始的。泛舟江上，空气中充满雨后青草的味道。岸旁间或点缀些粉红的花卉和吐绿的翠竹，让这景致直追陶翁笔下的人间仙境。对面的赤色绝壁把汽艇里映得霞光一片，一阵清风袭来，山、水、舟、人，也就鲜活在盈盈春色涂抹的生命乐符里。栩栩如生的群象过江，似巨龙腾跃；江中突然伸出的"六指琴魔"，倍让这眼帘在张合中跃入无尽的景色。此情此景，我似乎相信了当地那句"桂林山水甲天下，不及广东一丹霞"的谚语。而放眼远方，远处留下的采石遗迹清晰可见，这岁月的遗痕尽管还不时向苍天倾诉一下，可是还有多少人会缅怀过去？它的眼神已经没人能读懂。

船停岸后，行人一个小小的回旋，复回长老峰下，这一回，我可要静品丹霞的美好。

长老峰游览区即狭义的丹霞山主山，分上、中、下三个景观层。下层如北岳悬空寺样险要、巍峨、喷吐、感觉着丹霞山的雄壮。这险要之地，即为锦石岩景观层。这里有始建于北宋的锦石岩石窟寺、梦觉关、通天洞、龙鳞片石及变色龙百丈峡和最典型的赤壁丹崖等景点。中层为别传寺景观层，有号称岭南十大禅林之一的别传寺和一线天、鸳鸯树等景点。登丹梯铁索即上至顶层，这里是登高望远，饱览丹霞秀色，晨观日出，昏赏晚霞的大好去处。

我沿着崎岖的石板台阶拾级而上。浓浓乌云竟又合着雨雾混天压来，瞬时天昏地暗，一切似回归黑白混沌的世界原始。好在这急风骤雨只是瞬间即逝的一番小小插曲，并没有丝毫影响我"进军"的号角。"行军"一二十分钟，即见一锦石高悬，五色斑斓的石壁，这就是锦石岩。北宋徽宗崇宁年间（1102～1105 年），有个叫法云的居士到此，见到这里奇峰怪石，风景清幽，悬崖峭壁间又生石殿数间，不觉流连忘返，一睡三天三夜。醒来感叹"半生在梦里过去了，今日始觉清虚"，便留在这建庵隐居。法云始聚信众开山建庵，景泰、成化年间不断扩修，逐成如今规模。锦石岩僧房建于峭壁断岩中，为一天然石窟寺。石窟呈 S 形，七佛殿、弥勒殿、观音殿、大雄宝殿沿岩壁铺石路，长约百余米。各殿均依岩而设，进深不等。于是，丹霞山便有如此奇景：丹崖绝壁，佛香飘风。如若微风吹过，百丈赤壁悬崖上空梵铃阵阵，簌簌作声。锦石岩右侧有一股细流如天马扬尾，从 200 多米的崖顶飘然而下，气势非凡，是丹霞的一处胜景，名曰：马尾瀑。站在庵内的亭里观瀑，视野开阔，万里江山纵览无遗。如若阳光照耀，若玉珠纷陈、彩云缭绕。这时，自然界的风声、

水声，尼众们的课诵梵呗之声，相互交融，宛如天乐鸣空，给锦石岩笼上一层神圣的氛围，给游众浴去烦杂郁闷的心情。锦石岩崖下依山修有几口水池，山泉从赤壁上汨汨滴下，水质纯净甘甜，如金似玉。池上镌刻有"浸碧浮金"四字，传说能在水中浮起金玉者能修得正果。我站在赤壁中，站在丹崖藏着的佛门圣地，面朝"春暖"花开的锦江，心神早已融入这方清净的福地。每座殿前及过道上均砌有石栏，凭栏远眺清湛的锦江，宛若玉龙盘绕于群山之间，朝晖夕照，气象万千，人间仙境净化的气息，也就在这眼前幻化蒸腾了起来。难怪宋人余靖会有"巉岩绚烂倚云隈，万玉无香结作堆。不是虬龙眠铁树，原来假石作根荄"的诗句。

感悟过锦石岩的霞韵，我将脚步移向更高的别传寺景观层，这里有号称岭南十大禅林之一的别传寺和雄魂铺就的一线天。其实，沿山道回返一小段再转过一个山头，就会突现一片光明的。这片光明就是紫玉台于眼前的惊现。紫玉台，是丹霞山摩崖石刻最为集中的地方。这里有大量的石刻和碑文，这里有古人为丹霞山增添的太多的人文温暖。这温暖，形成了丹霞山的一道独特的绚烂夺目的风景。

最早石刻的出现应该是刻于南宋时期的吧，后来几百年间不断地添加，或为记事，或为游记题词，品评江山，无不让人有穿越千年时光的感怀。凭栏而望，群峰耸立，一股山间清气直扑而来，烦虑顿消，红尘滚滚，不离不到。而几层陡峭的台阶之上，即为久负盛名的别传寺了。别传寺一名，意即"以心传心"，是澹归和尚于康熙元年（1662年）来到丹霞山开辟道场时，为继承禅宗，以六祖"教外别传不立文字"的禅宗思想起名"别传寺"的。鼎盛时期，别传寺住持、和尚几百名，善男信女终年不绝。虽屡经侵毁，至今还是保存了很多古老的遗迹，它香火不断，号称岭南"禅林第一"寺。寺后长老峰山势奇险，云雾缭绕。大雄宝殿外百花争妍，而殿内梵音阵阵，冲刷着山外的浮躁。不是槛内人不闻槛中事，青灯孤火又岂是凡人可以匆匆浏览？于是穿寺而过，于林荫下感悟那"春来赏花，夏来听雨，秋来观叶，冬来踏雪"的意境。

移步寺后，通天峡上有一半山亭，是观"玉女拦江"的最佳地，可惜当时有些雾气朦朦，只能想象她的样子。其实，由独立的数座大石山组成的玉女，娴静地躺卧，任由悠悠岁月流逝的悠闲，更能"催动"雅致的探幽心情。

由前山到山顶的唯一通道就是眼前的这条"丹梯铁索"了。这条在几乎垂直的绝壁上开凿出的狭窄的石阶，让身后丹崖千丈，直落涧底的清风荡涤着，使这段险道显得更加让人胆战心惊。攀着铁索，云雾就在身边飘过，所谓云中漫步可能就是这样的吧。而"惊汗"后攀上观日亭一览众山小的快感，为这"悟霞韵"的行程，画上了一个完美的句号。

人叫它为墩。三墩之中的二墩，有独特的乌龟石，乃玄武岩留下的独特奇观。而西边海岸玄武岩石面上遗留着的众多奇怪的让人难解的图形，则是此处又一个奇特的地质景观，它们有的像鞋印，有的像小娃娃，有的像小狗，有的像足球，有的像梯田，图案千姿百态，异彩纷呈。这些大自然留下的"尤物"，其成因有待专家深入探究，但这少有的地学旅游资源，却具有很好的旅游开发价值。

雷琼地质公园的另一特别之处，乃是其所处地域的特别性。它地处热带至南亚热带过渡区，是中国热带及向南亚热带过渡生物群落的典型地。在生态、历史文化价值等方面同样拥有世界罕见的特别之处。就拿湖光岩来说，那数不尽的将军林，那已流传千古的骚客诗句，那落叶无踪、蛙蛇绝迹、神龟龙鱼嬉戏的奇异现象，那古寺禅音，那湖岸丛林中随处飘荡着 105688 个 / 立方厘米负离子的清新空气，哪一样不让人痴迷。而万年前火山活动留下的气孔状玄武岩，更为这片土地上生活的先民，提供了独特的建筑材料，那全部用气孔状玄武岩建筑的古村落，更为这史书"镌刻"上不朽的铭记。

# 火山口探秘

## ——雷琼世界地质公园海南海口石山火山群

撰文/张建华　摄影/赵洪山　张建华

世界地质公园——雷琼（海口园区）：2006年9月17日入选世界地质公园。中国雷琼海口火山群世界地质公园，是我国唯一的城市滨海热带火山，也是海南省第一家世界级旅游景区。位于海口市西南约15公里，面积为108平方公里。公园地质遗迹主体为40座火山构成的第四纪火山群。火山类型齐全、多样，几乎涵盖了玄武质火山喷发的各类火山，既有岩浆喷发而成的碎屑锥、熔岩锥、混合锥，又有岩浆与地下水相互作用形成的玛珥火山。密集的火山犹如大地上打开的一扇扇窗口，成为人们探索地球的超深钻；犹如镶嵌在大地上的一颗颗绿色的珍珠，给人们以美的享受。

炎夏七月，骄阳似火的一天，我悄悄地走近这座休眠了近万年的火山。

如果不是"火山口"三个用盆花拼出的大字醒目地展现在我的面前，我是很难把这绿树成荫，花红柳绿的园林与火山联系起来的。

这里是雷琼世界地质公园——海口园区。早在 2004 年，就被批准为海南海口石山火山群国家地质公园。它与湛江湖光岩国家地质公园、北海涠洲岛国家地质公园，同属于雷琼裂谷火山带的国家地质公园，2007 年三个地质公园联合申报世界地质公园获得成功。

整个雷琼裂谷火山带共有火山 177 座，海口占 101 座，湛江与涠洲岛占 76 座，火山类型几乎涵盖了玄武质火山喷发的所有类型。就火山岩分布面积、火山数量而言，在我国第四纪火山带中占首位。公园内玄武岩火山是揭示在特定大地构造范围内岩石圈的"超级探针"，是探索深部岩浆作用过程的天然样品。

在前往火山口的石径上，可以看见黝黑的呈蛇形舞动着的岩熔流，那曾经卷着红红的火舌，翻腾着热浪，吞没一切的岩浆，此时，凝固成一种奔泻姿态，凝成一种令人望而生畏的恐惧。好在旁边就有那用火山石制成的各种各样的石器：石磨、石椿、石凳……它告诉我，生命在经历灾难之后依然不屈不挠。这里分布着大量的结壳熔岩、渣状熔岩和块状熔岩，它们的形成，与岩流的粘度、温度变化、冷却速率的高低有关。岩浆喷发以后，表层首先冷凝，而表层下的熔岩继续流动，使得表层卷起扭曲，或因岩流边部受到阻力而形成指向流动方向的各种形态。这里的熔岩

抛出物也很丰富，纺锤状、梨状、椭圆状、麻花状的火山弹随处可见，火山弹其实是从火山口被抛到空中，在急速飞行过程中受到阻力、张力作用经旋转冷凝而成的熔岩抛出物。它通常呈同心环状，边部气孔多，表面不规则地分布着许多扭动条纹。当岩浆抛到空中在溅落过程中已冷却，后经崩裂而形成多孔状熔岩块，内部无一定构造，外部无一定外形则为火山渣块。

沿着由火山喷发的气孔状玄武岩铺成的石阶，走到山顶，眼前的景象令你触目惊心，这哪儿是山顶啊，整个一个锥形的烧杯，除了一圈"杯口"形山的外沿，里面竟完全是空的。简直不可思议的壮观和神奇，旁边，可以看到一块石碑上写着这么一行字："海口制高点，海拔222.8m"放眼望去，一片绿色的海洋。

"混沌初开奇景在，天湖曾注古岩浆"，是对风炉岭火山口的生动描写。风炉岭火山与包子岭火山两者构成状如马鞍山体而被称为马鞍岭。它们主要是由岩浆抛出物火山弹、熔岩饼与刚性火山渣相间组成的火山锥。此刻，我就站在风炉岭火山口的口子上，有一种孙悟空即将被投入太上老君的炼丹炉经受锻造的滋味，感觉到炽烈的热风拂面而来。风炉岭旁侧共生了两个孪生的寄主火山，状如眼镜而称为眼镜岭。这两个小火山底部直径不足100米，被誉为火山圣婴。

沿着一条小径，我要下火山口探秘。

谷深大概有60多米，阴凉幽深，有一种险要莫测的神秘。沿着山的陡壁，可以看到许多气状橄榄玄武岩，以及火山碎屑岩，我的相机不停地捕捉着这些镜头。终于下到了火山口的底座，这里，别有洞天，抬眼望去，天空变成了一轮圆圆的顶，你像是站在一个巨型的木桶里，周围全是遮天蔽日的植物，脚下却是凸凹不平的地面，可见在火山碎屑岩中，火山集块岩、火山角砾、火山渣、火山灰等火山碎屑物混杂，

像地球把自己最不愿示人的最丑陋的部分都藏在了这里。

我想象着，第四季火山从这里喷发时的情景：随着一声天崩地裂的巨响，一条卷着浓烟和尘嚣的黑柱冲天而起，大地在震荡，整个天际被尘埃所覆盖，紧接着冒着火苗、闪着红光、灼热异常的熔岩，以排山倒海之势，摧枯拉朽之威，奔涌而出，所到之处烈焰如炬，树木化为灰烬，良田变成焦土。火山喷发，爆发的是地层深处的能量；岩浆喷溅，展示的是大自然的威力。

如今，我就站在这曾经咆哮如雷的火山口底，遥想着那场壮烈的喷发、残酷的美丽，感觉脚下的岩石在发烫，四周的山体在摇晃，心有余悸……

置身于这座沉默了近万年的火山，让人不由得想起赫赫有名的全世界第一个国家公园——美国的黄石公园，那也是一个火山类型的公园。

走出火山口，心胸豁然开朗。是啊，看上去，这里的火山似乎已经停止了呼吸，但它所留下的生命印迹，并没有流逝于岁月的长河中，而是以一种凝固的姿态、瑰丽的风采、奇特的景观，留给世人观赏，留给地质学家研究。

我知道，无论植被如何的茂盛，都不能掩饰火山那满身的灼伤，它似乎在向我讲述，讲述这个曾经荒芜的岛屿，远古时期一段惊心动魄的神话；透露一个发自地球深处的喷薄咆哮、石破天惊的秘密。

# 三千峰林撼世界

## ——世界自然遗产之武陵源"张家界"

撰文/郭淑珍　摄影/赵洪山　郭淑珍

　　世界自然遗产、世界地质公园——张家界·武陵源：1992 年 12 月列入世界自然遗产；2004 年 2 月 13 日入选世界地质公园。位于中国湖南西北部（张家界市武陵源风景区），属中国西南地区云贵高原东北部与湘西北中低山区过渡地带的武陵山脉之中。海拔 300～1300 米，其面积为 398 平方公里。1992 年，被联合国教科文组织列入《世界自然遗产名录》；2004 年，被联合国教科文组织列入世界地质公园。地质公园包容了砂石山峰林、方山台寨、天桥石门、障谷沟壑、岩溶峡谷、岩溶洞穴、泉水瀑布、溪流湖泊和沉积、构造、地层剖面、石生物化石等丰富多彩的地质遗迹。主要地质遗迹类型为砂岩峰林地貌、岩溶洞穴。地质公园分布区内出露泥盆纪（距今 4 亿～3.5 亿年）厚层石英砂岩，由于岩层产状平缓，垂直节理发育，受后期地壳运动抬升，重力崩塌及雨水冲刷等内外地质动力作用的影响，形成了奇特的砂岩峰林地貌景观。在园区内有 3000 多座拔地而起的石崖，其中高度超过 200 米的有 1000 多座，金鞭岩高达 350 米，石峰形态各异，优美壮观，是世界上极为罕见的砂岩峰林地貌，有重大科学价值。其他尚有方山、岩墙、天生桥、峡谷等造型地貌以及发育在三叠纪石灰岩中的溶洞景观。园内森林茂密，并有银杏、珙桐、红豆杉、鹅掌楸等珍稀植物，为研究生物演化提供了实物例证。

说到湖南的名胜，人们第一想起的就是武陵源，而武陵源最奇特的风景就是张家界。俗话说，"看水要去九寨沟，看山还在张家界"。神奇的天子山、神秘的天门洞、至今仍在生长的"定海神针"、历经更名风波的"乾坤柱"、美丽的宝峰湖……吸引着无数来自世界各地的游客。她的美，在于并非一成不变，春天是山花烂漫，花香扑鼻；夏天是凉风习习，云雾缭绕；秋日是红叶遍山，山果挂枝；冬天是银装素裹，满山雪白。走进这里，仿佛走进了神秘的艺术山水长廊。

## 天子山五步神奇

五步称奇，七步叫绝，十步之外，目瞪口呆。这是人们对张家界奇景的感叹。如果说湘西凤凰古城是因一代文豪沈从文的《边城》而出名，那张家界则是源于著名画家吴冠中的一篇小文《养在深闺人未识》而名声大噪。张家界是拥有石英砂岩地貌的地质公园，以峰称奇，以谷显幽，以林见秀，三千座石峰拔地而起，形态各异，峰林间峡谷幽深，溪流潺潺。

吴冠中先生为了完成人民大会堂湖南厅的湘锈作品，无意中来到张家界写生，他立即被这里的美景深深地吸引，他深情地写道：这里的秀色不让桂林，但峰峦比桂林更神秘，更挺拔，更野性……

带着无比的期盼与欣喜，我于 2009 年的秋天，走进了张家界，走进了天子山，走进了黄龙洞。要知道，为了这一刻，我已经等了 33 年，而它们却已经等了我 5 亿年。

天子山因明初土家族农民起义领袖向大坤自号"向王天子"而得名。俗话说："谁人识得天子面，天子归来不看山。"可见天子山是武陵源三千峰林景区的神奇代表。游天子山，必看石海峰林。

我们乘坐着索道而上，沿途欣赏着一座座奇峰，正在惊叹不已时，却发现自己还不曾领悟天子山的半分神韵。

上了山，我们直奔石海峰林。

这个景点，即使你不看名字，只要往观景台一站，你就能深刻感受到，石英砂岩岩峰的独特魅力。大大小小、高低不同的几千座山峰，伴随着山中云雾缭绕，一同呈现在你的眼前，一片惊叹声响起。这就是传说中云的世界、石的海洋、峰的丛林了。此时此刻，唯有惊叹，唯有赞叹，唯有震撼。无法形容，这片奇景是怎样的鬼斧神工所创造出来的，又是历经了怎样的地壳隆起与沉降而生成。难怪，人称张家界为"缩小的仙境，扩大的盆景，神仙住的地方"。

探究张家界神奇的地质，知道该区域不仅有高山峻岭，又有低谷平原，是一种独特的流水侵蚀地貌。而张家界市区分布的页岩、砂岩，尤以中泥盆流的云台观组石英砂岩最为著名。厚层状，结构致密坚硬，不易风化，是这类砂岩的特点。武陵源景区内的金鞭岩、御笔峰以及袁家界的乾坤柱等奇特石峰，就是这种岩石峰性格的充分体现。当地人都骄傲地告诉我们，咱们张家界的山不是一座座的，而是一根根的。

的确如此，这片石英砂峰林集"雄、奇、幽、野、秀"为一体，这种巨厚的石英砂岩，产状平缓，使岩层不能沿层面薄弱部位滑塌，覆盖在志留系柔性的页岩之上。重力作用，使得刚性的石英砂岩垂直节理发育，在水流强烈的侵蚀作用下，岩层不断解体、崩塌、流水搬运，残留在原地的便形成了千奇百怪的峰林。

到了天子山，不看御笔峰，等于没来。远远望去，几座细薄坚挺的山峰非常有型，形似几只倒插的毛笔。传说是土家族起义领袖向大坤亲自把御笔倒插于此。最有意思的还是那山尖上生长的千年松树，细小却坚韧，葱翠而有型，越看越感觉不仅形似更有神似。有诗句写道："视看西海云雾中，御笔峰端指长空。奇峰异石观景台，三山五岳拜下风。"可以说御笔峰是张家界风景的经典代表，当仁不让的成为十大绝景之首。

导游介绍这一景点时，会笑着说，先看江山，再看美人。而我们自己则会以"爱江山，更爱美人"来回应。这是因为，御笔峰的对面就是另一有名景点，仙女散花。

仙女散花被誉为仙女的化身，说是由向王天子的爱妃羽成，形象逼真、惟妙惟肖，犹如一位楚楚动人的佳丽。她手中捧着满满的鲜花，在西海的山峰中散布花的香瓣。一直在此等候着向王的归来。遇上好天气，能见到丝丝云彩装扮着这位仙女，似有腾云驾雾之势，美不胜收。似乎连她脸上的笑靥也能见得几分，而长在其头上的小丛林就如同天然的华冠，更添风韵。"像，像，实在是太像了。"大多游客到了这，便被仙女迷住，而流连忘返了。有诗为证，"瑶池玉女下凡间，化为石峰格外妖。手捧金兰随意撒，万朵金莲半山腰。"

# 黄龙洞亿万保险

来了张家界，看了山上的山，却不得不看洞中的山。洞中有洞、洞中有山、山中有洞、洞中有河、河里游船，这就是拥有"世界溶洞奇观"、"世界溶洞全能冠军"、"中国最美旅游溶洞"之称的黄龙洞。

无论外面天气是怎样炎热，入得洞来，一股清凉渗入心脾，让人忍不住打个寒噤。而走进黄龙洞，我们也就走进了一个迷宫的世界。

走不远，便能看见两座天然的石门，右主福，左主寿，称为福寿迎宾门。游客可以自主选择从哪扇门进去，当然也可以绕个弯回来，福寿兼得。

洞中的花果山、美猴王、蟠桃大会没有给我留下太多的印象，倒是那千丘田让我着实惊叹了一番。想象着千万年来，一层一层的水浪不停地涌动着，一层层堆积、一层层沉淀，终于形成了一小块一小块的丘田，远远地望去，像极了一片等待播种的万亩丘田。让我忍不住想要去触摸这片肥沃的土地，可一触，那坚硬的石灰岩让你倏地又回到了现实。可那忽闪忽闪变幻的颜色，仍然让你置身神秘的想象之中。

看过了千丘田，我们乘船穿越长长的流水河，来到张家界黄龙洞景区的标志景点———"定海神针"。它全高 19.2 米，围径 40 公分，为黄龙洞最高石笋，两头粗中间细，最细处直径只有 10 厘米，如果按专家测定的黄龙洞石笋的年平均生长速度仅为 0.1 毫米，那么依此推算，"定海神针"生长发育至今已有 20 万年历史了。更为惊奇的是，导游介绍，目前该石笋仍在继续生长，等到 6 万年以后，它将长高 6 米，就可直抵穹顶而"顶天立地"了！

导游热烈欢迎我们 6 万年以后一定要来看看"定海神针"顶天立地的模样。6 万年以后？我的第几代儿孙可以替我去实现这一愿望呢？呵呵，不得而知。

站在"定海神针"底下，抬望眼，可以清晰感受到生命之源在四处飞溅。6 万年太久，而它只争朝夕。我回来后写下了一首诗，纪念观"定海神针"感受。

> 谁说你是石头，没有情感
> 那乳水中岁月的层叠
> 那 20 万年漫长黑暗的苦寂与磨砺
> 才使你有了让人仰视的高度
> 才让你闪耀出异乎寻常的光芒
>
> 谁说你是石头，没有理想
> 那头顶溅落的每滴液体
> 那 6 米远的距离　滴滴续写着你
> 6 万年的坚持与痴狂
> 那不是蚂蚁爬坡，也不是蜗牛搬家
> 那是有块石头啊　想要长大

# 试登秦岭望秦川

## ——游览陕西秦岭终南山世界地质公园

撰文/武国柱　李胜利　摄影/武国柱　李胜利

**世界地质公园——陕西秦岭终南山:** 2009年8月入选世界地质公园。秦岭终南山世界地质公园位于秦岭中段,距离西安仅25公里。公园面积1074.85平方公里,公园具有独特的地质遗迹和终南山水文化。分为翠华山山崩地貌与佛教文化园区、南太白第四纪冰川园区、冰晶顶构造混合岩园区、玉山花岗岩峰岭地貌园区、骊山地垒构造园区五大核心园区。

2009 年 8 月 29 日，对于秦岭终南山国家地质公园来说绝对是一个值得庆贺的日子，在泰山举行的第三届国际地质公园发展研讨会上，西安市第二次申报世界地质公园 5 年的努力有了结果，秦岭终南山国家地质公园终于成功晋级成为世界地质公园的一员。

作为我国南北方地理、气候的一条重要分界线，秦岭生物资源丰富、动物种类繁多，素有"国家中央花园"之美称。亲爱的朋友，也许你还不知道，秦岭还拥有山崩地质、第四纪冰川、古人类遗址等典型地质遗迹，是地质科学研究的天然实验室和旅游观光的博览馆。

悠悠秦岭，巍巍终南。秦岭到底有多么壮观和独特，多年来致力于秦岭研究，为秦岭终南山国家地质公园申报世界地质公园做了大量基础工作的陕西省地矿局西安地质矿产开发研究院李铁教授用一系列数字做了清楚的描述：秦岭终南山世界地质公园有翠华山、骊山、朱雀、太平、王顺山、楼观台等国家和省级森林公园 9 处；公主岭蓝田猿人遗址等全国重点文物保护单位 12 处；牛脊梁、双庙子、老县城国家级野生动物自然保护区 3 处，此外还有人文景观 138 处、不可移动的文物古迹 300 处……

10 亿～7 亿年前，大陆板块不断碰撞，处于地老天荒混沌时期的地球。北方的劳亚大陆和南方的冈瓦纳大陆，在地球运转和地球内部力量的推动下，相向移动。伴随着地质运动的碰撞与拼合，抬升与塌陷，毁灭与诞生。长达 1600 公里的秦岭在两个地质板块的缝合带上崛起。至今我们要由衷地感谢冥冥宇宙产生的这期伟大的碰撞。秦岭山脉的出现，便有了一脚踏南北，江河自分流的奇景；一脉横亘，南吃大米北喋面，豪迈婉约立现；便有了一山有四季，十里不同天的奇观，一方葱茏，鸟鸣猿啸，成就动植物的天然王国。

我作为一名地质职工，略知一点秦岭的地质演化历史，所以对于陕西秦岭终南山晋级为世界地质公园备受鼓舞。于是，在 2009 年的国庆节，迫不及待地又约上三朋四友，再次游览了被赋予全新意义的秦岭终南山世界地质公园。

秦岭终南山世界地质公园北起周至—临潼，南至分水岭，西接眉县，东至蓝田，总面积 1074.85 平方公里，划分为 5 个景区。现在，让我带您在秦岭终南山世界地质公园里漫步，走进秦岭终南山世界地质公园的五大园区，细细欣赏自然景观、领略悠久的人文历史，然后在秦岭独特的地质遗迹中，惊叹大自然的鬼斧神工。

## 终朝异五岳，列翠满长安

翠华山山崩地貌与佛教文化景园区。这是秦岭终南山世界地质公园的主导园区，位于西安市长安区，总面积 32 平方公里，主要地质遗迹类型为山崩地质遗迹。山上名胜古迹很多，风景如画，因汉武帝曾在此祭太乙神，又称太乙山。

因为强烈的断裂活动，加上构成翠华山山体的岩石质坚性脆，又地处地震带且多瀑雨，从而引起山体崩落。《国语》卷一《周语》篇就记述了周幽王二年（公元前 780 年）地震引起山崩的情况："周幽王二年，西周三川皆震……三川竭、岐山崩。"这里的山崩地质作用形成了一系列山崩地质景观，如：山崩悬崖景观、山崩石海景观、山崩地堆砌洞穴景观、山崩堰塞湖景观、山崩瀑流景观及山崩形成的各种造型奇石景观等。

山崩地貌类型之全、保存之完整典型，为国内罕见，堪称"山崩地质博物馆"。不但在研究秦岭和关中平原形成历史和山崩地质作用类型上有重大的科学价值，而且由于园区内环境幽、奇、险、奥，其亦有重要的旅游价值、科普功能和地质遗迹保护价值。在这里不仅可以看到世界少见、中华唯一的山崩地质奇观、风光迤逦的堰塞湖和隋代佛塔的神韵与风采，还可以进行宗教朝觐、信众进香。

被誉为"中国山崩奇观"的山崩地貌和奇异的岩性地质景观让人惊叹大自然的鬼斧神工。天然堰塞湖、涌泉、跌水和瀑布等水文景观；名木古树、珍稀动植物群落构成的生物景观；风云变幻的烟云异彩等气象景观，史迹、传说、寺庙、石刻书法等人文景观让人叹为观止。

与翠华山山崩地貌景观紧相连的是南五台景区，博大精深的佛教文化是这里的一大特色。这里风景优美，远离尘嚣，适合修行。历代在此受戒、修行、说法、云

游的高僧不计其数。现存弥陀寺、西林寺、香积寺、圆光寺等寺庙。除了居住有僧人的寺庙以外，还有一大特色——汤房，是民间自发兴建，供各地居士居住的寺院。每年阴历五月二十五至六月初一举行庙会，居士、香客们从四面八方赶来，参加各寺庙、汤房的佛事活动，交流心得，学习佛法，品尝素斋，供奉香火，是一年中南五台最热闹的日子。有诗云："一片白云遮不住，满山红叶尽为僧。"

## 西当太白有鸟道，可以横绝峨眉巅

让我们再移步至南太白板块碰撞缝合带与第四纪冰川园区。这里分为南太白古冰川景区和楼观景区。在南太白古冰川景区，我们可以观赏优雅的河流景观、冰川遗迹、秦岭五国宝（大熊猫、朱鹮、金丝猴、羚牛、褐马鸡），而楼观景区，能在宗圣宫看到2500年前道教起源的介绍以及道教信众朝觐的场面。

在南太白山主峰上广泛分布着第四纪冰川遗迹及典型的冰川地貌。景区内群山雄峙，峰峦叠嶂，多数地方沟谷深邃，峭壁悬绝；河流水清流急，变化万端，自然景色雄浑壮丽。景点拔仙台，就是当时冰川活动的中心，各种冰川地貌多分布在它

的周围。太白三池是太白山第四纪冰川活动形成的冰川地貌的典型代表。此外还有以跑马梁等为代表的远山景观、以照壁山为代表的峰岭景观、以龙骨峡为代表的山间盆地景观等。

楼观台道教文化景区，有200余处景点，是人文、自然、森林景观融合俱佳的旅游胜地。这里，不仅有40里峡一线天、野牛河高山瀑布、首阳山五彩壁石等自然景观，还有光头山草甸、高山云冷杉、杜鹃天然林、数千亩人工竹林等景观。垂直带谱明显，景色变化万千。

## 终南阴岭秀，积雪浮云端

冰晶顶韧性剪切带与构造混合岩花园区，让我们在太平峪内混合岩景区观瀑、朱雀森林花岗岩景区赏树。

太平混合岩景区在秦岭北坡太平峪内，由隋唐时期皇家建太平宫而得名。园内山水景观奇特，自然风光优美，曾是唐朝皇家观花避暑大乐园。其中挂天飞瀑落差达100米，似银河倒挂，绮丽壮观。

登上奇秀峰景区，你会有"会当凌绝顶，一览众山小"的豪迈情杯。这里悬崖险峻，拔地数仞，山石耸立，形态各异，水穿石面，松立悬崖，千姿百态，奇险壮丽，如临蓬莱，似入黄山。入园览胜，有直插云霄的天柱峰、青莲峰、佛掌峰、渡仙峰、龙脊岭，有奇姿美态的莲台观音、聚仙山、醉仙台、玉笋佛云等，飞瀑、潭洞如飞龙串珠，高山落叶松若盆景古董，山美如画，水秀若诗。游人到此可欣赏自然天功的神奇，森林风光的野趣，处处感受到大自然幽静古野的原始情调。

朱雀花岗岩景区，地处万顷森林腹地，以"静峪脑"之雄、"龙潭子"之奇、"奇秀峰"之险、"芦花河"之秀、"秦岭梁"之幽各显特色。植物资源丰富，种类繁多。拥有太白红杉、领春木、天麻等近800种国家珍稀濒危植物。野生动物有近40种，著名的有羚牛、娃娃鱼、红腹角雉等。受气候影响，随着海拔高度的不同，阔叶落叶景观林带、松栎景观林带、桦木景观林带、暗针叶景观林带和亚高山灌丛景观林带等五个垂直分布景观林带，一年四季景色各异：初春时万紫千红、炎夏时绿意浓郁、金秋时果满枝头、严冬时冰砌玉雕。正是"留连戏蝶时时舞，自在娇莺恰恰啼"。

## 终南之秀钟蓝田，茁其英者为辋川

玉山岛弧形花岗岩型地貌园区：包括公王岭蓝田玉山园区、辋川白云石大理岩溶洞景区和王顺山花岗岩峰岭地貌景区。蓝田玉山园区以著名的蓝田猿人化石著称于世，这里也是具有 3000 年开采历史的蓝田玉石的产地。王顺山景区有花岗岩山峰景观、峡谷景观，瀑布水景等；辋川景区内，可以观赏到著名的辋川唐代人文遗址和世界唯一的水陆庵唐代壁塑。

蓝田地区的新生代地层，从始新世到全新世地层中都有动植物化石、人类化石和文化遗产，构成了一部五彩缤纷、内容充实的"自然史巨著"，是一个诱人的聚宝盆。1964 年，在蓝田公王岭，我国科学工作者在此发现了距今 115 万年的猿人头盖骨化石，是至今所知的亚洲北部最早的人类化石。蓝田猿人头骨化石出土地，更是第四纪典型的地层剖面，为研究新生代发育史、古生物史、人类发展史等，提供了极为重要的场所和珍贵资料。

一群千姿百态、神秘莫测的溶洞是珍藏在秦岭腹中的地下宫殿群。其中堪称西北之最的凌云洞、卧虎洞、苍龙洞、锡水洞、步入洞、秀楼洞数不胜数。

王顺山森林公园奇峰耸立、怪石嶙峋、沟谷幽深、清潭点点，是人们饱览大自然风光的好去处。一线天，天光一丝堪称奇景；姐妹峰、孔雀梁、独秀峰等 20 多座山峰惟妙惟肖；30 多个怪石天工巧成，有的像古猿，有的似奔马，有的如骆驼；有的形如石狮观日，老鹰觅食，猛虎下山；松石、七彩、龙虎等七个池潭绿莹见底；白石栓帽，东羊等小河潺潺不息，弯弯曲曲地穿流于山谷之间，形成了多处悬流瀑布；山上树木繁茂，葛藤飞挂，崖头青松秀立，枝叶扑展，黑熊撕打，山羊成群。"蓝水远从千涧落，玉山高并两峰寒"（唐·杜甫《玉山并秀》），王顺山山景、天景、林景、水景、空间层次重重，景物深远不尽，四季赏景各有诗意，春天山花烂漫，百花争艳；夏天林荫蔽日，凉爽宜人；秋天满山红遍，色彩斑斓；冬天冰雕雪堆，银装素裹，使人心逸神往，怡然快适。王顺山人文远古，堪称一绝。110 万年前，类祖先在此生息繁衍，走向黄河，开创了中华光辉史篇；王顺山作为"秦楚之要冲，三辅之屏障"，历来为兵家必争之地，历代王朝在此留下了金戈铁马的遗迹，文人墨客，迁客骚人，览物抒怀，遗诗三百，留下了不朽的华章。王顺山也是佛教胜地，庙宇、摩崖石刻自汉、北魏、隋唐至今，有的现存，有的遗迹仍在。唐代大诗人韩愈遭贬潮洲，在此为雪所阻，留下"云横秦岭家何在，雪拥蓝关马不前"的佳句。八仙之一的韩湘子在此修炼成仙，现存有碧天洞、成仙岭、舍身崖、林英嘴、铁瓦庙等。王顺孝母祠、蓝关古道、古栈道、农民领袖李自成部下当年操兵练马的马岗子等遗迹清晰可见。

## 骊山一笑三千年，百代兴亡云雨间

骊山地垒构造园区，以断块地貌为主，兼有骊山山前大断裂和黄土台塬隐状断层地貌等地质景观，分为古近纪断层剖面景区和骊山山前断裂景区。

"骊山云树郁苍苍，历尽周秦与汉唐，一脉温汤流日夜，几抔荒冢掩皇家。"这是郭沫若对骊山胜景及历史地位作的恰当概括。从周秦汉唐以来，这里一直是皇家园林之地，离宫别墅众多，也一直是我国著名的风景游览胜地。传说在上古时期，这里曾是女娲炼石补天之处；西周时，周幽王又在这里演出了一幕"烽火戏诸侯，褒姒一笑失天下"的历史闹剧；威震天下的秦始皇将他的陵墓建在骊山脚下，还留下了闻名世界的秦兵马俑军阵；唐朝时期，唐玄宗、杨贵妃在这里演绎了一场凄美的爱情故事，就连逃难而来的慈禧太后也不忘在此游玩享乐。骊山沧桑的历史，也是中华民族坎坷前进的历史见证。

"秦岭的地质旅游资源、文化资源在中国乃至世界上的重要地位无人能及，在世界范围内首屈一指。"一路从秦岭终南山世界地质公园走下来，我和游人更加深信陕西省第十一届党代表、西安地质矿产勘查开发院院长盖西京对我们所发出的由衷的感慨。更加惊叹他对"秦岭的开发和利用，应从自然资源和文化资源两个角度入手。要转变过去游客到陕西不是看陵就是看庙的现状，逐步转变为既能领略它的自然魅力又能享受它博大精深的文化力量"的真烁见解。

# 梦归天池

撰文/向　阳　摄影/山　夫

国家地质公园——新疆天山：2010年1月12日入选国家地质公园。天山天池位于新疆维吾尔自治区阜康县境内，是以高山湖泊为中心的自然风景区。天池作为天山地质演化留下的遗迹，是大陆腹地干旱山地生态系统的典型代表，是新疆AAAAA级景区中离中心城市最近、可进入性最强的景区。她不但各类地质遗迹景观分布广，而且成因类型多样。拥有水体景观、地质地貌景观、典型地质剖面景观、古生物化石景观、地质灾害遗迹及防治工程、典型矿床及采矿遗址景观等六大类型。

天山博格达峰海拔 5445 米，终年积雪，冰川延绵。天池在天山北坡三工河上游，湖面海拔 1900 多米。湖畔森林茂密，绿草如茵。随着海拔高度不同可分为冰川积雪带、高山亚高山带、山地针叶林带和低山带。

    上天山天池的夙愿已很久：从儿时读有关瑶池的神话开始，我便喜欢上了她；后来工作中结识了来自天山脚下的哈萨克族同事杰恩斯·米沙力，心距的拉近，让我竟迷上了天山，恋上了天池。

    我曾听杰恩斯绘声绘色地讲述过天山天池，他说天山是亚洲中部的伟大山系，它绵延达 2500 公里。而在我国新疆境内，则横亘于塔里木和准葛尔两大盆地之间，成为南疆和北疆的地理分界。天池，南依博格达峰，北瞰准葛尔盆地，是天山最具代表性的一处地质景观胜地。她夏季山清水秀，清爽宜人，可登高山，穿密林，也可在碧波荡漾的湖中泛舟横渡，饱览湖光山色；而冬季的天池更是银装素裹，坚冰如玉的湖面是全国少有的高山滑雪场，特别是那"南山望雪"、"悬泉飞瀑"等八大胜景，更令我怦然心动，心驰神往。

    而当剽悍英武的杰恩斯用他高亢的歌喉唱道，"你的雪水洗净我的灵魂，你的大山给我勇敢和坚韧。你那一望无际的原野啊，思念你的歌声像泉水在飞奔……"我恨不能立刻飞上天山天池，一睹她的风姿、神采！

    机会终于来了！8 月的一个周末，内地同学出差到新疆，约我周六上天山天池一游。

    清晨，我们从乌鲁木齐市登车向北至阜康县境，再东行约两个小时，进天池盘山公路，沿傍山大道盘旋而上。但见路边怪石嶙峋，危岩峥嵘。时而断崖绝壁，石峰突兀，时而幽林曲涧，鸟语花菲。湍急的雪水，也沿人工开凿的石渠奔腾跳跃着，诱人遐思。

    当车连拐几个急弯，进入深山高谷后，我和同学因职业习惯，还特别留意天山天池风景区沿途的地质灾害防治工程。我们欣喜地看到各处易发生地质灾害的边坡面上布设了稳定滑坡体的锚杆隔构，生物喷植的处理防止着水土流失，恢复着自然地貌的风采，护坡体坡脚砌筑浆砌石护岸延伸着，维护着天山健壮的肌肤……

    在不知不觉中，我们的眼前终于出现一片宽大的坎坡，天山天池到了！只见湖的西北面点缀着亭台水榭和消夏的别墅，童话般的哈萨克式圆顶白毡房星罗棋布，在袅袅炊烟下，燃起了神家仙客韵味的"水彩"；东南西三面则是挺拔苍翠的云杉、塔松、连绵不绝、遮天蔽日。深没人膝的芊芊绿草，与苍松云杉缠绵着，用柔性的爱意，点化着圣山的肌肤，那红的花、黄的卉，丰润鲜灵地涂抹着天山雄性的面颊，使这大地丛林的神武勇士显得更加威武迷人。最为抢眼的是湖东南方傲立着海拔 5448 米雄伟的博格达主峰（蒙古语"博格达"，意为灵山、圣山），这个多峰群集的盾状山峰，在构造断块的作用下，"孤剑出鞘"，突出于周围的群山之上，在左右

两峰的簇拥中变换着魔幻的神采。抬头远眺，三峰并起，突兀插云，状如笔架。入云峰顶的冰川积雪，神峻异常，终年闪烁着熠熠银光。这魔幻的光束在蓝天、雪峰、青山与天池澄碧的湖水辉映下，用清幽润明的雅趣，谱写出高山平湖绰约多姿的自然美景。

　　也许是做水、工、环地质工作的缘故吧，我特别喜欢水。听导游介绍，天山天池这个第四纪大冰川活动中形成的半月形高山冰碛湖，湖面海拔有1910米，最大水深约105米，长约3400米，最宽处约1500米，旺水时面积可达4.9平方公里，总蓄水量约1.6亿立方米。湖北岸的天然堤坝竟是一条冰碛垅，因水源来自冰川及雪雨，湖水极为清冽晶莹。清晨九点若风平浪静时，天池的整个湖面如同一面明镜，倒影清晰，可毫发毕现。于是流传着"见神池浩淼，如天镜浮空"的名句。遗憾的是我们到湖畔时已日上三杆，翠绿的湖面被层层叠叠的碧波所环绕，像面丝缎。偶尔游船驶过处，便会划出长长的白色蕾丝花边。天空的云来得漫不经心，湖水则像油画一样安静。我静静地眺望远处的山，眼睛似乎清澈了，再细细端详近前的水，心也仿佛明净了许多。不由想起"远眺皑雪近赏松，野花似锦草茸茸，湖光山影泼墨画，春夏秋冬一景融"的诗来。

  有人说，世界能有多少角度，人们对新疆就可以有多少种角度。天池作为天山地质演化留下的遗迹，是大陆腹地干旱山地生态系统的典型代表，是新疆5A级景区中离中心城市最近、可进入性最强的景区。她不但各类地质遗迹景观分布广，而且成因类型多样。拥有水体景观、地质地貌景观、典型地质剖面景观、古生物化石景观、地质灾害遗迹及防治工程、典型矿床及采矿遗址景观等六大类型。包含了极高山永久冰雪带——高山苔原草被带——低山草原带——沙漠带等完整的自然垂直景观带谱和雪山冰川、高山湖泊为主要景观特征，并有远古瑶池神话以及宗教和民族风情为文化内涵，极具典型性、稀有性和极高的观赏性。

  漫步崎岖小路，想想百里之外的乌鲁木齐市当天骄阳似火，可宁静高远的天山天池，微风中夹裹着雪的体温和明亮，格外轻快。看阵山林鸟石真切倒影，听会浪吟波语天籁回响，那雪峰倒映，那云杉环拥，那碧水含秀，那叶鲜茎碧，那水声轰鸣，那舒爽清新，一切变化皆来自冰川，一切又和远古有千丝万缕的清纯怡人。我们慢慢地体会和感受那如童话般的净美，沉浸在那份少有的静谧旷野之中，感受着天山瑶池带给我们心灵上的撞击。一股灵动优雅宁静，令人在倾听、感受、沉思中陶醉，令人于诗意中享受着人间牧歌天堂般的甜美！

  忽然，冬不拉在附近响起，我和同学寻着音乐来到了地处深涧，方圆数百米的飞龙潭，只见断崖陡立，飞瀑奔流，松柏密匝，烟云缭绕，潭水碧澄，静影沉璧，好一处幽静神秘，动静相宜的奇绝幽秘的佳境！我们正迷离在清幽高古的神水奇波与抑扬顿挫的歌曲中，没想到怀抱冬不拉的哈萨克族小伙用熟练的汉语对周围的游客说："下面我用哈汉双语为大家演唱一首哈萨克族歌曲，歌的名字叫《故乡》"，好熟悉的曲调呀，我情不自禁用汉语跟着用哈语演唱的歌手哼了起来。小伙子唱完哈语版本，惊讶地笑着对我说："这位大姐，你在天山深处待过吧？这可是首哈萨克民间小曲呀！"我自豪地说："是的，我曾在深山矿区中工作过，与民族同事双语共唱过这首歌呢！"说完我动情地用汉语唱道："……无论我走到哪里，我的故乡啊，我的心和你永远不离分"。当我的歌唱完，小伙子竟摇着头笑道："大姐，你唱得是以前我们哈萨克族用热烈的方式爱恋故乡的版本，如今我们懂得对故乡不能总吃山靠水，还要像对家人一样爱护。请允许我用汉语给你们唱唱新时代版本的故乡吧。"接着他朴实自然地望着我们，深情地唱道："睡梦中你和我相亲相爱，人生道路相伴相随永远不分离，美丽故乡永远在我的心里，我用心声在这（儿）呼唤你……"

  我愣了，在幽秘的风景区听着这歌声，脑海中不禁想起"保护与开发并举"、"保景富民"等标语；想起媒体"宜农则农、宜游则游、宜牧则牧"发展路子的宣传；想起我们正在改变"人定胜天"的观念；想起当今倡导的"顺应自然，和谐共处"理念，想着久负盛名的高山湖泊天山天池的开发，大爱的神经自然而然地在天山地理优势和人文环境结合的节点上跳跃。我想，天山的无限风光，天池的奇绝风景，西域的人文情怀，历史凝结的光束，当是天山明日更加璀璨的圣光吧。

  我和同学慢慢地走着，慢慢地体会和感受着那童话般的净美，体验着天山瑶池美丽冰雪带给我们心灵上的撞击，沉浸在天山旷野那份少有的静谧之中。就要离开天山天池，返程的汽车启动了，我和同学仍探讨着天山天池，探讨着这个地质遗迹公园的未来。我想，天山天池应该继续将她的遗迹以生命的力度和灵性的张扬在自然景观与人文历史中得到真切流露和完美结合，让她独特的自然景观，悠久的神话传说，深厚的文化底蕴，浓郁的民族风情，牢牢地吸引人们的注意，让雄、奇、险、秀、俏、美、恬、淳等真正融于一体，才能让世界相信"不到天池，就不算真正到了新疆"！

　　都市的喧嚣及各类热浪渐渐临近我们，一路谈笑风生的同学忽然幽幽地问："阳阳，我们是从仙境回到凡间了吧？"我笑道："是么？我只知道源于人世，又美于人世，善于人世。从此以后，天山天池在等我们入梦！"

# 后　记

**胡红拴**

在键盘上编写完最后一篇文章的最后一个字，才觉出岭南冬季的美景已悄然来临，而此时遥观窗外的云山弯月，似乎早已在做着"闲庭漫步"的"营生"了。

《名山胜地桂冠里的地学奥秘》一书的构思应该是几年前的事了，而真正意义上的动笔则是在2008年的冬季。记得我在《触摸东方地质之珠》一文的最后一段中，引用了宋人鹤林玉露的那首《某尼悟道诗》，诗曰："尽目寻春不见春，芒鞋踏遍陇头云。归来笑拈梅花嗅，春在枝头已十分。"是的，自那时起，我似乎找到了地学文化的真正的"蛛丝马迹"。这以后的岁月，就是不停地跑，不停地采访，不停地在各个图书资料馆里"泡"，不停地在键盘上浏览、敲击，就这样懵懵懂懂的在几年里成就了地学文化系列作品《南粤地学旅游胜览》、《南粤地学解读》、《矿物华藏——矿物岩石的诗意世界》、《矿物珍宝——岩矿美石世界的诗意记述》、《中国世界文化遗产里的地学奥秘》，以及今天的这本《名山胜地桂冠里的地学奥秘》。当然，这期间，也间断出了另外的几本文学艺术类的书籍，算是调剂的点缀吧。

对地学文化的概念，我在应邀为"超星名师讲坛"制作的十六集电教片中说过，地学文化是研究大地本身及人作用于大地后"产生"出的一切产物的学科。它包括了"皇天后土"中的一切东西。它是人类在研究与利用地球资源过程中所形成的物质和精神成果的总和，它是人地关系在文化上的反映。

20世纪地球科学在认知宇宙和地球重大地质事件、勘查矿产资源、保护生态环境、减灾防灾、推进社会进步、提高人民生活等方面，发挥了不可替代的作用。然而，在地球科学诞生100多年后，附加于其上的巨大文化价值才逐渐为人们所认识。地学文化内涵丰富，外延广阔。如黄山、九寨沟、张家界、桂林山水、丹霞地貌、雅丹地貌等地质旅游景观，每年都吸引着大批游客。以"雄、奇、险、秀"闻名于世的庐山，不但是中国第四纪冰川的发源地，而且其浓厚的文化气息，最终使这个风景名山成了独一无二的旅游胜地。湖光岩独特的玛珥湖特色，丹霞山神奇的文化元素，都是地学文化的代表。它们以各自独有的风采壮写着自己的一方沃土，一方绚丽的艺术大美。

科技发达的美国就非常重视地学文化资源的开发。近年来，好莱坞拍出了不少以地学类事件为背景的精彩灾难巨片，如《龙卷风》、《大地震》、《火山爆发》、《后天》等，它们所揭示的人地关系主题，引发了人们很多的思考。

地学文化以地球科学为主体，以包含在地学史、地学人物、地学思想、地学理论、地学事件、地学景观中的精神文化现象为内容，是一种特殊的人文资源，它折射了人类认识自然和改造自然过程中所出现的冲突与矛盾，与其他文化资源既有相同之处，又有自身特点。例如，地学文化资源既可以表现为有形的地质地貌景观和人物形象，也可以表现为无形的地学知识、地质灾害现象、地学历史记载等，具有很强的可塑性，可以表现超大的时间跨度和空间尺度，也可以进入肉眼看不见的微观世界和难以预知的未来世界。编撰《名山胜地桂冠里的地学奥秘》一书，兹在将中国最美的世界级自然美景，将难得一见的"地学精灵"，用文学艺术的元素"雕塑""熔铸"，以别样的姿态让读者窥知地学精美的艺术元素所释放出的璀璨光彩。

一本书，一篇文，往往可起到意想不到的作用，它的影响有时是难以想象的。所以，大科学家霍金写科普作品；苏联地质学家、科学院院士帕夫洛夫（1854～1929年）一生在致力于地层学、古生物学、第四纪地质学、构造地质学、地貌学、工程地质学和地质学史的研究，撰写多部地质学著作的同时，也写了许多科普著作，如《海底》《河流与人类》《火山和地震》《海洋和河流》等。这些科学文化作品对当代和后世的影响已无须赘述了。甚至我们还可以说很多科技成果是通过科普和文化元素传播久远、发挥更大作用的。这就为我们的地学文化建设提出了课题，给出了艰巨的任务。所以，我说，我们的地学文化工作任重而道远。要做的事很多，要走的路还很长。但我想，有那么多领导的支持，有那么多有识之士的参与，地学文化建设必将结出丰硕的果实来。

作为本书后记，在此我必须要说的是对编委会所有成员及有关作者的感谢，正是由于你们的大力支持，才有此书如今的模样，所以我要说，诚心诚意地鞠躬之事是必须要在此进行的。

在此，我还要感谢一直以来对地学文化、对地学科普、对我的工作大力支持和关心的广东省地质局、广东省地质学会等单位的领导、专家、作家和朋友们。特别是全国人大常委、国土资源部老部长孙文盛先生，中国科学院院士刘嘉麒先生，中国工程院院士金庆焕先生，中国地质科学院原院长、国家地质公园评委会副主任赵逊先生等领导和学者们，他们或为本书的编撰提供资料，或热心地给予指导，国务院参事、国土资源部总工程师张洪涛先生还在百忙中为本书作序，孙文盛老部长为本书题写书名。这一切，都让本书内容更为完善，更有特色，更为厚重。

本书用地学散文、图文并茂的形式对祖国的世界自然遗产和世界地质公园予以表现，只是一种题材艺术形式的尝试，所选内容有所取舍，比如一些捆绑式的自然遗产，限于篇幅只能选取一些代表，而2010年后的世界地质公园——广西乐业—凤山世界地质公园等，只能等到下次再采撷了。至于说天山，尽管它现在还只是国家地质公园，但作为我国西域的代表，在名山胜地如林的华夏它也应当位列其中。

本书文风虽据作者不同略有差异，但大和下的小不同可能使其更有味道，至于说真正"味道"如何？在下实在难以述说，好与歹，还是那句老话，由读者作最后的评判吧。

虽闻奇花异果味，心远兰香浴地天。

2010 年 12 月 28 日于羊城菊味书屋